리바이어던,
근대 국가의 탄생

주니어클래식 4

리바이어던,
근대 국가의 탄생

박완규 풀어씀

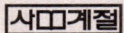

머리말

토머스 홉스라는 이름을 처음 접한 것은 중고등학교 시절, 교과서에서였던 것 같다. 아마 순자의 성악설과 비교하는 대목이었을 것이다. 성악설은 사람의 본성이 악하다는 것이니까 그와 비슷한 주장을 했다면 홉스는 성격이 삐딱한 사람이 아니었을까 하는 생각도 했던 것으로 기억한다. '만인에 대한 만인의 전쟁'이라는 자연상태 묘사는 다소 역겹기까지 했다.

『리바이어던』이라는 책은 대학에 들어간 뒤 처음 읽었지만 그 때는 뚜렷한 인상이 남지 않았다. 정치학 고전이니까 의무적으로 읽었다. 그런데 대학원에 다니면서 다시 읽었을 때는 감동적이었다. 정치학과 철학 전반에 걸쳐 지식과 소양이 어느 정도 쌓인 상태에서 다시 읽으니 책이 담고 있는 의미가 가슴에 와 닿았기 때문일 것이다. 그래서 석사·박사 학위 논문을 홉스와 관련된 주제로 썼다. 17세기 영국에 살던 홉스의 사상을 지금 이곳에서 돌이켜보는 게 의미 있는 작업이라고 여겼고, 지금도 이 생각은 변하지 않았다. 홉스가 쓴 책들과 홉스 사상에 관한 수많은 해설서들을 읽으면서 감명받았던 시간은 젊은 시절의 소중한 추억으로 남아 있다.

고전에 대해서는 당대는 물론 후대에서도 다양한 해석이 이루어진다. 『리바이어던』도 마찬가지이다. 『리바이어던』을 꼼꼼히 읽어 보면 근대 초기에 홉스가 움켜쥐고 해결 방안을 제시하기 위해 고심한 문제들이 무엇인지 알 수 있다. 그 문제들이나 해결 방안은 지금도 유효하다고 본다. 물론 『리바이어던』을 어떻게 받아들일지는 전적으로 독자들의 몫으로 남아 있다.

내가 읽은 『리바이어던』은 홉스가 독자들을 설득해 정치적 참여를 이끌어 내기 위해 쓴 작품이다. 홉스는 자신의 사상을 집대성한 이 책을 통해 '평화'라는 대의명분으로도 모두가 이익을 얻을 수 있다는 주장을 대중 사이에 뿌리내리려 했다.

『리바이어던』을 모든 사람이 쉽게 읽을 수 있게 풀어서 쓰고 여러 사례를 들어 이해를 돕자는 제안을 받고 무척 반겼다. 고전을 쉽게 풀어쓰는 작업이 일부 잘 알려진 책에만 국한되고 있는 상황이어서, 서양에서는 필독서로 꼽히는 『리바이어던』도 쉽게 읽을 수 있는 기회를 많은 사람에게 주어야 한다고 생각했기 때문이다. 하지만 작업을 해 나가면서 고민도 늘어만 갔다. 쉽게 쓰면서 그 의미를 제대로 전달하는 두 가지 과제를 조화시키는 것은 생각했던 것보다 어려웠다.

그래서 『리바이어던』의 핵심적인 내용을 분해한 뒤 이를 의미 전달에 초점을 맞추면서 다시 종합하는 방식으로 책을 써 나갔다. 꽤 많은 시간과 노력을 쏟아부었지만 어느 정도 성과를 거두었는지 모르겠다. 쑥스러운 감정을 버리지 못한 채 책을 세상에 내놓게 되었지만, 독자들은 이 책을 최소한 두 번 이상 읽어 줬으면 한다. 처음에는 글의 흐름을 염두에 두면서 속도를 내어 읽고, 두 번째는 글의 내용을 음미하면서 천천히 읽었으면 한다. 이는 내가 인문·사회과학 분야의 책을 읽는 방법이기도 하다.

그동안 너무도 오랜 시간을 기다려 주고 수없이 많은 조언을 해 준 사계절출판사 관계자들, 특히 이권우 선생과 정은숙 팀장께 감사의 뜻을 전한다. 무엇보다 살림살이에 소홀한 남편을 너그럽게 감싸 준 아내와, 주말에도 시간 내주기에 박한 아빠에게 무척이나 관대한 두 딸 시후, 정후가 큰 힘이 되었음을 밝힌다.

2007년 3월
서울 용산에서
박완규

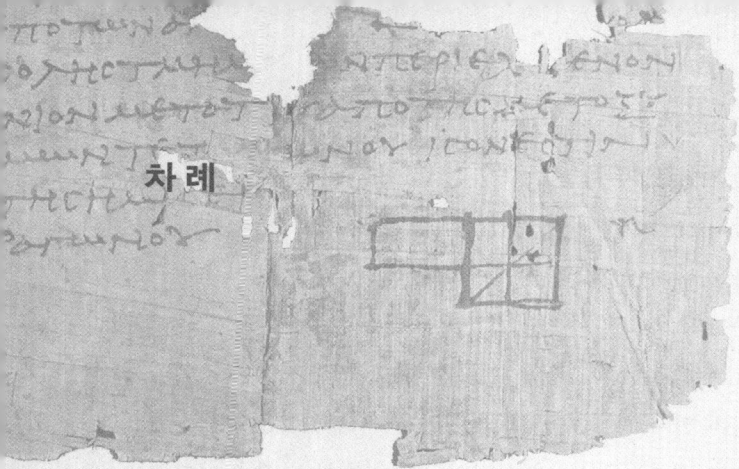

차 례

"인간의 지혜는 책을 읽어서 얻어지는 게 아니라
인간을 이해함으로써 얻어지는 것이다."

―『리바이어던』서문에서

프롤로그

『리바이어던』을 왜 읽는가

리바이어던, 어디선가 들어 본 것 같은데 정작 무엇을 뜻하는지 잘 알 수 없는 말일 것이다. 리바이어던은 성서에 나오는 바다 괴물의 하나로, 엄청난 힘을 가진 거대한 괴물이다.*

영국 사상가 토머스 홉스(1588~1679)는 자신의 정치 사상을 담은 대표작의 제목을 '리바이어던'이라고 지었다. 홉스는 분명 이 괴물의 이름으로 무엇인가를 나타내고 싶었을 것이다. 『리바이어던』(Leviathan)은 인간과 국가, 종교 등을 근대 초기의 새로운 시각에서 분석한, 홉스 사상의 결정판으로, 과학적 추론을 통해 절대 주권**을 가진 국가의 필요성을 논증하고 있다. 리바이어던이 가리키는 바가 바로 절대 주권 국가이다.

여기서 다른 질문을 던져 보자. 우리가 왜 지금 『리바이어던』을 읽어야 하는가? 인류가 문자를 쓰기 시작한 이래 지금까지 엄청나게 많은 책들이 만들어졌지만, 그 책들 가운데 대부분은 사람

---

*우리말 성서에서 리바이어던은 '리워야단' 또는 '악어'로 옮겨져 있다.
**주권은 국가 권력의 최고성, 절대성을 강조하는 의미로 사용된다. 국가가 그 땅에 살고 있는 모든 개인에게 강제력을 행사할 수 있는 권력이 주권이다.

들의 관심 밖으로 사라지고 매우 적은 수의 책만이 짧게는 수십 년, 길게는 수백 년 이상 살아남아 인구에 회자된다. 홉스의 『리바이어던』도 그 가운데 하나이다. 좀더 정확히 말하면 『리바이어던』은 인류 지성사에 새로운 전망을 제시한 이른바 '문제작'으로 우리 곁에 남아 있다.

사실 이 문제작의 출발점은 아주 작고도 근본적인 물음이다. 홉스가 『리바이어던』에서 제기한 의문은 바로 '왜 사람들이 서로 사이좋게 어울려 살지 못할까?' 하는 것이다.

사람들은 곧잘 탄식조로 '사는 게 전쟁'이라는 말을 내뱉는다. 우리 주변을 살펴보자. 이른 아침에 좁은 골목길에서 주차 문제로 이웃 간에 욕설이 오가는 장면을 한번쯤은 목격했을 것이다. 평소 화목하게 지내던 형제들이 유산 상속 문제로 심하게 다투고 등을 돌려 주변 사람들을 놀라게 만들기도 한다.

어디 그뿐인가? 어떤 지역이나 나라 전체가 예상치 못한 분쟁이나 전쟁에 휩싸이기도 한다. 예를 들어 1992년 미국 로스앤젤레스에서 일어난 로드니 킹 사건을 돌이켜보자. 경찰관들이 흑인인 로드니 킹을 구타하는 사건이 발생한 뒤 백인 일색의 배심원단이 경찰관들을 무죄 방면하자 격분한 흑인들이 폭동을 일으켰고, 그 와중에 현지 한인 사회가 집중 공격 당했다. 물 밑에 가라앉아 있던 백인과 흑인 사이, 한인과 흑인 사이의 갈등이 폭발한 것이다. 당시에 흑인들이 한인 점포를 습격하는 장면이나 점포 옥상에서 한인들이 총을 들고 주변을 경계하는 모습이 텔레비전으로 중계

되었고, 그 기억은 십수 년이 지난 지금도 생생하게 남아 있다.

사람들은 평화와 안정이 정신적으로나 물질적으로 많은 혜택을 준다는 것을 알고 있고, 누구나 서로 협력하면 더 나은 생활을 할 수 있다는 것도 알고 있다. 물론 사람들이 때로는 공동 이익을 추구하면서 서로 협력하고 평화롭게 살 때도 있다. 그러나 거의 모든 나라와 이웃들 간에, 그리고 많은 가정에서 갈등이나 분쟁이 끊이지 않는 것도 사실이다.

사람들은 왜 평화로운 생활을 지속하지 못하고 곧잘 분쟁에 휘말리는가? 홉스는 그 해답을 찾기 위해 인간과 국가에 대한 새로운 분석을 시도했다. 그 결과가 『리바이어던』이라는 문제작으로 나타났다.

홉스에 대한 오해

사람들은 19세기에 들어서야 홉스 사상이 근대 사회에 어떤 영향을 끼쳤는지 깨닫기 시작했다. 그리고 오늘의 연구가들은 홉스가 정치 철학의 새로운 전통을 만들어 냈고, 근대 정치 사상의 기틀을 마련했다고 입을 모은다.

그러나 17세기 당시 홉스의 사상은 경멸의 대상이 되기도 했다. 홉스는 살아 있는 동안 무신론자 또는 독단론자로 비난을 받았다. 어떤 때에는 홉스의 저서를 읽는 것조차 떳떳하지 못한 일로 취급되었다. 후대에는 홉스의 이름을 딴 호비즘(Hobbism)이라는 용어까지 만들어졌는데, 이는 극단적 보수주의나 반동(反動)을

토머스 홉스
1588~1679
홉스는 『리바이어던』을 통해서 절대 주권 국가의 필요성을 논증했다.

뜻하는 말이다.

홉스는 왜 이런 비난과 혹평을 받았을까? 실제로 홉스는 모든 독단론*에 저항했으며, 특히 당시 지식인들의 사고를 지배했던 교회의 권위에 맞섰다. 그랬기 때문에 홉스는 많은 논란을 불러일으켰고 그만큼 많은 비난을 받았던 것이다. 독단론에 저항했던 홉스가 독단론자라는 비난을 받은 것은 역설적이지만 그만큼 홉스의 이론이 당대의 지적 기반을 흔들어 놓았다고 볼 수 있다.

'홉스' 하면 가장 먼저 떠오르는 말은 '자연상태'(state of nature)이다. 홉스는 "자연상태는 모든 사람의 모든 사람에 대한 전쟁"이라고 말했다. 자연상태는 무제한의 자유가 있는 상태이다. 무제한의 자유라니 무척 부럽고 바람직한 상태 같지만 그렇지만은 않다. 사람들은 모여 살기 때문이다. 무제한의 자유가 있을 경우 사람들은 하고 싶은 모든 일을 할 수 있기 때문에 수많은 분쟁에 휩쓸리게 되고 그 결과 인간의 삶은 비참한 상황에 놓이게 된다는 것이 홉스의 지적이다.

그러나 자연상태라는 말이 홉스 사상의 전체를 얘기해 주는 것은 아니다. 자연상태는 홉스가 자신의 정치 사상을 풀어 가기 위해 하나의 가설로 제시한 개념이다. 그렇다면 홉스가 자연상태라는

---

*여기서 말하는 독단론이란 근본적인 회의나 반성 또는 충분한 근거 없이 자신의 생각만으로 특정한 철학이나 이론을 제기하면서 이를 절대적 진리라고 주장하는 것을 가리킨다. 중세에는 교회가 공인한 권위 있는 교리를 도그마(dogma)라고 했는데, 근대에 들어 교회가 뚜렷한 근거 없이 권위만 내세우는 것을 비난하기 위해 독단론(dogmatism)이라는 용어가 만들어졌다.

가설을 통해 주장하고자 했던 것은 무엇일까? 선입관을 버리고 홉스가 『리바이어던』에서 밝힌 내용을 따라가 보면 그가 진정으로 말하려 했던 바가 무엇인지 찾을 수 있을 것이다.

여기서 한 가지 염두에 둬야 할 게 있다. 일부 정치 사상가들은 사람들이 빛을 더 잘 받아들이도록 하기 위해 어둠을 강조하는 경향이 있다. 홉스가 그 대표적인 예이다. 홉스가 자연상태라는 가설을 제시한 것은 인간이 국가를 세우고 문명의 혜택을 받는 상황과 대비하기 위한 것이다. 어디까지나 '방법론'적인 접근 방법이었다는 뜻이다.

한편 홉스가 인간을 악한 존재로 보았다고 흔히 단정하는데 이는 사실과 어느 정도 차이가 있다. 홉스는 인간의 본성을 묘사했을 뿐이며, 인간이라는 존재 자체가 선한지 악한지에 대해서는 언급하지 않았다. 물론 자연상태에 대한 묘사를 근거로 홉스가 인간을 악한 존재로 간주했다고 재해석할 수는 있다. 하지만 『리바이어던』을 읽고 나면 그가 왜 인간을 그렇게 묘사했는지 이해할 수 있을 것이다. 그리고 사람들이 근대 국가를 어떻게 형성할 수 있었으며 오늘날의 국가가 왜 지금과 같은 모습을 하고 있는지에 대한 이해도 얻게 될 것이다.

『리바이어던』의 독창성

홉스 이전의 전통적 정치 사상에 따르면, 가장 바람직한 정치 질서의 수립은 이해하기도 어렵고 통제할 수도 없는 운이나 우연에 의존한다. 예를 들면 중세 시대 영국 켈트족의 영웅인 아서 왕은 어린 시절 마법의 힘으로 바위에 박혀 있던 엑스캘리버라는 칼을 뽑아냄으로써 정통성을 얻게 된다. 중세 시대까지 사람들은 정치 질서나 정치권력의 정통성을 이 같은 신화적 원인에서 찾으려 했다. 그리고 그 정치 질서의 구성원들은 정치권력에 순응할 것을 일방적으로 강요당했다.

하지만 근대 자연과학의 혁명은 자연뿐 아니라 인간을 새로운 시각에서 보도록 만들었다. 사람들은 자연을 이성적인 추론을 통해 이해할 수 있는 법칙으로 규정하게 되었고, 그럼으로써 신 중심의 사고에서 벗어날 수 있었다. 다시 말해, 진리가 인간의 행위와 동떨어져 신이나 우주의 질서에 있는 것이 아니라, 바로 인간에서 비롯된다고 생각하기 시작한 것이다.

홉스가 『리바이어던』에서 '자연'(nature)이라는 개념을 강조한 것도 인간의 이성과 관련이 있다. 미신이나 마법과 같은 초자연 현상에 대비되는 개념으로서 '자연'을 강조하는 것은 이성을 중시하는 근대의 이념적 특징이다.

홉스는 자연에 대한 과학적 연구 방법을 인간 사회에 끌어들여 정치 현상을 체계적으로 설명하고, 이를 기반으로 인간과 사회에 관한 일반 법칙을 찾아내려 한 근대 최초의 사상가이다. 이 지점에서 홉스의 중요한 위치가 부각된다. 홉스는 끊임없이 새로운 과학을 추구했는데, 이는 당시 자연과학 발달에 따른 시대정신의 변화를 자신의 사상에 담기 위한 노력이었다.

홉스는 가장 먼저 인간과 국가에 관한 새로운 학문이 필요하다는 사실을 자각했을 뿐 아니라 이 새로운 학문을 성립시켰다.[1) 아울러 홉스는 정치 철학에서 인간의 울타리 밖에 있는 신(神)이라는 존재의 목적이나 신의 의지(意志)라는 가정을 폐기한 최초의 사상가이기도 하다.[2)

근대 사회는, 홉스가 "고독하고 빈곤하며 더럽고 잔인하고 짧다"고 묘사한 자연상태의 인간 생활과 대비되는 풍요하고 안락한 상태를 지향한다. 이를 위해서는 먼저 인간이 합리적인 존재가 되어야 한다는 것이 홉스를 비롯한 근대 정치 사상가들의 기본 전제이다. 여기서 중요한 점은, 홉스가 인간을 합리적인 존재라기보다는 합리적인 존재가 될 가능성이 있다고 보았다는 사실이다. 홉스에 따르면, 인간은 무한한 욕구를 추구하면서도 합리적인 사고, 곧 이성을 통해 자연상태에서 자신의 생명을 지키는 일을 하게 된다. 자기 보존이 인간의 선(善, good)이기 때문이다.

홉스가 영어로 쓴 철학을 처음으로 선보였다는 점도 흥미로운 일이다. 홉스의 저작 이전에는 철학 부문에서 영어로 쓴 저술이 없었다. 중세 시대 이래 사상가들은 주로 라틴어로 책을 썼고, 영어는 철학이나 인간 탐구에 부적합하다고 여겼다. 홉스는 이 같은 고정관념을 깨고 영어로 철학책을 써서 영어도 철학 저술에 유용하다는 사실을 입증했다. 그래서 학자들은 『리바이어던』을 평가하면서 홉스가 영어로 된 철학을 창조해 냈다고 단언한다. 사상의 내용은 물론 그것을 담는 틀에서도 홉스는 혁명적인 변화를 시도한 셈이다. 라틴어는 당시 성직자나 귀족의 언어였고 서민과는 거리가 있었다. 홉스가 영어로 책을 쓴 것은 많은 사람들에게 자신의 사상을 알리려는 의도를 담고 있다.

이와 같은 시도를 한 전례는 독일의 종교개혁가 마르틴 루터(1483~1546)의 성서 번역에서 찾아볼 수 있다. 루터는 교황의 권위를 부정하다 파문당한 뒤 칩거 상태에 들어가 라틴어 일색인 성서를 독일어로 번역하는 데 힘을 기울였다. 그는 번역 작업에서 보통 사람의 언어를 사용하려고 노력했다. 그는 한 서한에서 "궁정이나 성 안에서 쓰는 말은 사절한다. 왜냐하면 이 책은 단순성으로 유명해져야 하기 때문이다."라고 강조했다. 루터가 성서 번역을 한 데에는 많은 사람들이 성서를 읽도록 하려는 뜻이 담겨 있었다.

우리의 경우에도 조선 시대에 어려운 한자가 아닌 한글로 쓴 글이 널리 읽혔다. 홉스와 같은 시대에 살던 허균(1569~1618)이 지은 『홍길동전』은 한글 소설의 효시이다. 잘 알려진 대로 『홍길동전』은 서자로 태어났다는 이유로 사회적 차별을 받던 주인공 홍길동이 탐관오리나 토호한테서 부정 또는 불의로 축재한 재물을 빼앗아 양민을 돕는다는 이야기이다. 같은 시기에 서로 다른 지역에서 살았던 두 지식인이 천대받던 모국어로 쓴 책을 통해 사회 제도의 모순을 신랄하게 비판했다는 사실은 무척 흥미로운 일이 아닐 수 없다.

리바이어던

힘센 바다 괴물로 구약 성서의 욥기에서 언급된다.
리바이어던과 같은 가장 강한 괴물까지 다스리는 신의 전지전능을 표현하기
위함이다. 구스타브 도레의 그림. 1865.

왜 『리바이어던』인가

홉스는 대표작인 『리바이어던』 외에 『비히모스』(*Behemoth*)라는 저서도 남겼다. 우리는 이런 제목들이 무슨 뜻인지 몰라 궁금할 수밖에 없지만, 성서에 친숙한 홉스 시대 사람들은 그 제목이 전혀 낯설지 않았을 것이다. '리바이어던'과 '비히모스'는 각각 구약성서 욥기에 나오는 바다의 큰 괴물과 육지의 큰 괴물로, 거대함과 힘의 상징이다.

욥기 1장은 이렇게 시작된다. 욥이라는 사람에 대한 설명이다.

우스라는 곳에 욥이라는 사람이 살고 있었다. 그는 흠이 없고 정직하였으며, 하나님을 경외하며 악을 멀리하는 사람이었다.[3]

리바이어던에 대한 묘사는 41장에 나온다. 19절부터 34절까지의 내용을 보자.

입에서는 횃불이 나오고 불똥이 튄다. 콧구멍에서 펑펑 쏟아지는 연기는, 끓는 가마 밑에서 타는 갈대 연기와 같다. 그 숨결은 숯불을 피울 만하고, 입에서는 불꽃이 나온다. 목에는 억센 힘이 들어 있어서, 보는 사람마다 겁에 질리고 만다. 살갗은 쇠로 입힌 듯이, 약한 곳이 전혀 없다. (……) 칼을 들이댄다 하여도 소용이 없고, 창이나 화살이나 표창도 맥을 쓰지 못한다. 쇠도 지푸라기로 여기고, 놋은 썩은 나무 정도로 생각하니, 그것을 쏘아서 도망치게 할 화살도 없고, 무릿매 돌도 아예 바람에 날리는 겨와 같다. (······) 물에 뛰어들면, 깊은 물을 가마솥의 물처럼 끓게 하고, 바다를 기름 가마처럼 휘젓는다. 한번 지나가면 그 자취가 번쩍번쩍 빛을 내니, 깊은 바다가 백발을 휘날리는 것처럼 보인다. 땅 위에는 그것과 겨룰 만한 것이 없으며, 그것은 처음부터 겁이 없는 것으로 지음을 받았다. 모든 교만한 것들을 우습게보고, 그 거만한 모든 것 앞에서 왕 노릇을 한다.[4]

욥기는 전능한 신에게 시험을 당하는 평범하고 선량한 인물인 욥에 관한 이야기이다. "평범한 사람들이야말로 운명의 인질이며 희생자이다."라는 말은 홉스 시대에 일어난 내전 전후에 널리 유행했다. 홉스는 평범한 사람들에 주목했고 정치가 평범한 사람들의 이익에 봉사해야 한다고 여겼다. 상징적인 측면에서 볼 때 그의 정치 이론은 리바이어던과 비히모스에 관한 것이지만, 그것은 욥에게, 다시 말해 평범하고 선량한 사람들에게 말하는 것이다.[5]

홉스는 욥이라는 평범한 사람이 놓인 위치에서 정치 이론을 세웠고 이를 평범한 국민에게 제시했다. 홉스는 자신의 정치 이론을 통해, 평범한 국민이 엘리트들 사이에 벌어지는 권력 투쟁의 희생자이며 강한 자들의 갈등으로 시련을 겪게 된다는 것을 설득하려 했다. 1649년 영국 국왕 찰스 1세 처형, 상원 폐지와 더불어 올리버 크롬웰의 공화정이 성립된 이후 홉스 정치 이론의 3부작으로 일컬어지는 『법의 원리』(*The Elements of Law*), 『시민론』(*De Cive*), 『리바이어던』이 일반 국민이 읽을 수 있는 영어판으로 잇따라 출간되었다는 사실은 이를 입증한다.

홉스는 『리바이어던』에서 국가의 안정을 가로막는 잘못된 신념을 비판하고 주권자의 권리를 옹호하면서 "인간의 행위는 그들의 신념에서 나오기 때문에 인간의 평화와 조화를 위해 인간의 행위를 잘 다스리려면 신념을 잘 다스려야 한다."[6]고 강조했다. 홉스는 사회악의 주요 원인을 철학적인 것에서 찾으면서 이에 대한 해결책도 철학에서 찾는다.

홉스가 찾아낸 해결책은 절대 주권을 지닌 국가의 설립이다. 다시 말해 홉스는 개인의 안전을 확보해 줄 수 있는 국가의 설립을 모색하는 일을 정치 사상의 목표로 삼았다. 홉스는 이를 위해 먼저 인간을 결속시키는 '공통의 권력'(common power)이 존재하지 않는 상태를 자연상태로 가정했다. 그리고 '개인들이 자연상태에서 벗어나기 위해 사회계약을 맺는다.'는 또 하나의 가정을 통해 절대 주권 국가를 만들어야 한다고 설득했다.

홉스의 삶과 그의 시대 2

고독한 사상가의 삶

홉스는 1588년 영국 남부 윌트셔 주의 맘즈베리 부근 웨스트포트 마을에서 성직자의 아들로 태어났다. 그의 어머니는 에스파냐 무적함대가 쳐들어온다는 소문을 듣고 놀라 홉스를 조산한 것으로 알려져 있으며, 홉스는 후에 이를 빗대 "공포와 나는 쌍둥이로 태어났다."는 농담을 즐겨했다.

17세기 대부분의 과학자, 철학자들처럼 홉스도 가난한 집안에서 태어났다. 당시 부유한 귀족 출신 철학자나 과학자로는 프랑스의 르네 데카르트(1596~1650)와 영국의 로버트 보일(1627~1691)을 포함해 손으로 꼽을 정도였다.

작은 마을의 이름 없는 성직자였던 홉스의 아버지는 책임감이나 절제와는 거리가 먼 사람으로 술에 빠져 가족을 제대로 돌보지 않았다. 그러나 홉스는 장갑 제조업으로 큰돈을 번 친척의 도움을 받아 학업을 마칠 수 있었다. 그는 어린 나이에 영어뿐 아니라 라틴어, 그리스어, 프랑스어, 이탈리아어를 말하고 읽을 수 있는 탁월한 언어 재능을 보였다. 이 같은 재능은 그의 저술에서도 엿볼 수 있다. 홉스가 1629년 처음 펴낸 책은 투키디데스의 『펠로폰네소스 전쟁사』 영역본이었고, 그의 마지막 작품은 1674년에 작업을 마친 호메로스의 『일리아스』와 『오디세이아』 영역본이었다.

홉스는 1608년 옥스퍼드 대학을 졸업한 뒤 나중에 데번셔 백작이 된 윌리엄 캐번디시 경의 개인 비서 겸 그의 아들의 가정교사로 들어갔다. 홉스는 이때부터 평생 동안 캐번디시가(家)와 깊은 관계를 유지하게 된다.

홉스처럼 귀족의 가정교사로 들어가 그들로부터 연금을 받아 생활하는 것은 17세기 사상가들에게는 흔한 일이었다. 홉스의 사회계약론을 계승한 존 로크(1632~1704)도 그 중 하나이다. 귀족 출신이 아니어서 생활이 넉넉하지 않았던 이들은 학업을 마친 뒤 성직자가 되거나 귀족 집안의 가정교사로 들어가는 것 외엔 선택의 여지가 없었다. 가정교사가 될 경우 귀족 자제를 가르치는 일뿐 아니라 귀족의 서한을 번역하는 일 같은 비서 역할도 맡아야 했다. 홉스는 캐번디시 경이 중요한 회의에 참석하면 그를 수행해야 했고, 회의가 진행되는 동안 대기실에 앉아 책을 읽곤 했다. 이처럼 사생활을 즐길 시간적 여유가 없는 직업이었기 때문에 가정을 꾸려 나갈 수가 없었다. 이 때문에 홉스나 로크는 평생 독신으로 살았다.

홉스는 1610년부터 1615년까지 캐번디시 경의 아들과 함께 유럽 대륙을 여행했으며, 그 후 1628~1631년과 1634~1637년 두 차례 더 유럽 각지를 여행했다. 당시 유럽 전역은 훗날 30년 전쟁

존 로크
1632~1704

홉스의 뒤를 이어 사회계약론을 주창하였다.
로크는 홉스의 영향을 부인했다고 한다. 하지만
홉스에게서 받은 영향이 그의 저서 곳곳에서 드러난다.

(1618~1648)이라 일컫는 전쟁에 휘말려들었다. 캐번디시가의 귀족들은 군사 기술에 관심이 많았고, 그 일환으로 망원경 개발을 위해 광학을 비롯한 과학 기술에 주목했다. 그때만 해도 성능 좋은 망원경은 전쟁터에서 승부를 좌우할 만한 유용한 도구였다.

캐번디시가는 나아가 영국과 유럽 대륙의 과학자, 철학자들과 편지를 교환하거나 재정적으로 이들을 후원했다. 홉스는 귀족의 비서에 지나지 않았지만 유럽 여행 도중 캐번디시가의 소개 편지 덕분에 유럽의 대표적인 지식인들을 만날 수 있었다. 홉스는 당시 로마 교황청과 갈등 관계에 있던 이탈리아 베네치아 공화국의 지도자들, 로마 교황청의 추기경들, 제네타의 고위 인사들과 지동설을 주장한 이탈리아 과학자 갈릴레오 갈릴레이(1564~1642) 같은 사람을 만났다. 이때 갈릴레이의 운동톤과 유클리드 기하학을 알게 되어 큰 영향을 받는다. 그는 또 1634년 파리를 방문했을 때 프랑스 철학자들을 여럿 알게 되었고, 데카르트의 철학을 접하게 되었다. 이처럼 홉스가 유럽 여행에서 받은 지적 자극은 훗날 그의 사상의 자양분이 되었다.

홉스는 1640년 『법의 원리』를 썼고 그해 영국이 내전을 향해 치닫고 있을 때 프랑스로 피신했다. 그는 파리 망명 생활 중에 영국 내전의 추이를 지켜보면서 1642년 『시민론』을 썼다. 홉스는 1650년에 『리바이어던』 집필을 마치고 이듬해인 1651년 런던으로 돌아와 이를 출판했다. 그 해에는 『시민론』 영역본이 『정부와 사회에 관한 철학적 기초』(*Philosophical Rudiments Concerning*

옥스퍼드 대학교

『리바이어던』이 그 시대에 끼친 충격은 매우 컸다.
홉스의 모교인 옥스퍼드 대학은 『리바이어던』을 금서로 지정할
정도였다. 아래 사진은 옥스퍼드 대학교의 성 요한 도서관 내부.

Government and Society)라는 제목으로 출판되었다.

그 후 홉스는 죽을 때까지 영국에 머물면서 영국 내전을 평가한 『비히모스』를 비롯해 다양한 주제를 다룬 책들을 썼다. 하지만 『리바이어던』이 출판된 후 영국 국교회는 홉스를 무신론자라고 비난했으며, 그가 세상을 떠난 뒤인 1683년 모교 옥스퍼드 대학에서는 『리바이어던』을 금서로 규정하고 불태워 버리기도 했다.

홉스는 수없이 반복해 자신이 그리스도교도이며 그리스도교가 진정한 종교라고 믿고 있다고 밝혔지만 부질없는 일이었다. 사람들은 그의 말을 믿지 않았다. 홉스의 우물론적 사고*나 종교에 대한 회의주의적 태도 때문에 사람들은 그가 무신론자라고 여겼다. 1666년 런던 대화재가 발생하자 어떤 사람들은, "런던 시민들이 무신론자를 살려 두고 글을 쓰도록 방치한 데 대해 신이 벌을 내린 것"이라며 홉스에게 책임을 돌리기까지 했다.

이 같은 사회적 압력 탓에 홉스는 생의 마지막 20년간 영국에서 더 이상 철학 책을 펴내지 못했다. 그래서 그는 말년을 그리스 고전 번역으로 소일할 수밖에 없었다.

근대 정치의 실험실, 영국

근대의 막을 연 대표적 정치 사상가로 흔히 니콜로 마키아벨리 (1469~1527)와 홉스를 꼽는다. 두 사상가 사이에는 한 세기 가량

---

*홉스의 유물론에 대해서는 50~53쪽에서 자세히 살펴본다.

영국 시민 혁명

17세기 영국은 왕과 의회, 군대의 권력 다툼으로 내전의 소용돌이에
빠져들었다. 그림은 1650년 던바 전투를 그리고 있다. 여기서 의회파인
올리버 크롬웰이 찰스 2세를 지지하던 왕당파 군대를 크게 이겼다.
앤드루 캐릭 가우의 그림, 1650년경.

의 시차가 있다. 마키아벨리가 16세기 초 르네상스 시대에 소국들로 나뉘어 끊임없이 다투던 이탈리아에서 근대의 여명기를 목격했다면, 홉스는 17세기 영국에서 청교도 혁명이라는 내전의 격동기를 겪으면서 근대가 서서히 뿌리내리는 모습을 지켜봤다.

홉스는 국왕과 의회 사이에 벌어진 권력 투쟁의 혼란기를 겪으면서 정치적 권위의 확립을 중요한 과제로 삼게 된다. 앞서 말한 대로 홉스의 저서 제목인 '리바이어던'과 '비히모스'는 각각 성서에 나오는 바다 괴물과 육지 괴물이다. 홉스가 살던 시대의 정치상황에 비추어 보면 리바이어던과 비히모스는 강력한 국가와 야심찬 의회를 상징한다. 홉스의 생각으로는 정치적 야심이 지나치게 큰 의회의 엘리트들은 리바이어던 같은 강력한 국가에 대한 중대한 위협이었다. 정치적 복종과 상반되는 정치적 야심은 정치 이론의 중심 문제이다. 홉스가 다룬 중요한 주제 가운데 하나는 정치적 야심을 통제하는 것이었다.

홉스가 활동했던 17세기 영국은 경제적으로는 상업 자본주의가 발전하던 시기였다. 이에 앞서 15~16세기에 영국에서는 봉건제 해체에 따른 농노 해방으로 자영 농민층이 형성되었다. 그 후 식민지 개척과 중상주의 정책 추진에 따라 상업 자본가들에 의한 자본 축적이 본격화했다.

당시 영국은 정치적으로는 근대 국가가 완성되기 직전의 혼란기였다. 홉스가 살았던 시기, 그러니까 1588년부터 1679년까지는 청교도 혁명과 왕정복고에 이어 명예혁명이 임박했던 시기이다.

이에 앞서 영국은 프랑스와 벌인 백년 전쟁(1337~1453)과 귀족들 간 권력 투쟁인 장미 전쟁(1455~1485)을 거치면서 귀족 세력이 약화되고 봉건제가 쇠퇴했다. 그 후 튜더 왕조는 중앙집권적 성격을 띤 군주제를 시작했고 그 뒤를 이은 스튜어트 왕조가 왕권신수설을 내세우며 의회와 대립하게 된다.[*]

당시 종교개혁으로 시작된 갈등은 정치적 색채를 띠기 시작하더니 국왕과 의회 사이의 권력 투쟁으로 번졌다. 영국의 종교개혁은 교회 세력을 지배하려는 튜더 왕조의 국왕 헨리 8세(1491~1547)의 요구로 시작되었다. 헨리 8세는 로마 교황청과 관계를 단절하고 영국 국교회[**]를 설립했다. 그렇지만 유럽의 종교개혁 운동이 유입되면서 다양한 종파 사이에 갈등이 빚어졌다. 예를 들어 국교회는 국왕을 지지한 반면, 온건한 장로교회파와 급진적인 독립교회파를 망라한 청교도는 국왕의 권한을 제한하려 했다.

스튜어트 왕조의 제임스 1세와 찰스 1세는 절대주의 왕권을 세우려 했지만 국고가 텅 빈 상태였다. 돈 없이 왕권을 유지할 수는 없는 법. 이들은 세금을 더 거두어 국고를 충당하려 했다. 그런데 국민이 이를 달가워했을 리가 없다. 무리한 과세 정책은 반발을 불러왔고, 의회는 이를 배경 삼아 국왕의 정책 결정권(대권)에 도전

---

*스튜어트 왕조를 연 제임스 1세와 그의 아들 찰스 1세는 신이 자신들을 최고 통치자로 선택했다고 믿었다. 그래서 이들 두 국왕은 의회의 견제를 받아들이지 않았다.
**1534년 헨리 8세가 아들을 낳지 못한 왕비와의 이혼 문제를 계기로 이혼을 인정하지 않는 로마 교황청과 절연하고 스스로 영국 국교회 수장이 됨으로써 영국 국교회가 시작되었다. 오늘날 성공회는 이 국교회의 정통을 잇는 주류이다.

장을 내밀었다.

당시 국왕을 지지하는 왕당파와 국왕에 도전한 의회파는 각각 상반되는 사회계층의 이익을 대변했다. 왕당파는 국왕과 밀접하게 연결된 반(半)봉건적 상인 집단과 보수적 재판관, 귀족으로 이루어졌다. 국왕으로부터 독점적인 무역 특권을 받아 엄청난 부를 쌓은 대(大)상인들이 대표적인 예이다. 의회파는 산업과 밀접하게 연관된 상인들이 주류를 이루었으며, 자영 농민 같은 이들이 여기에 포함된다.

당시 하원의 중심 세력이던 부유한 중산층은 자신의 이해관계가 국왕의 소모적인 정책으로 위협받고 있다고 판단하고 국왕에 도전했다. 이에 따라 찰스 1세와 의회 간의 충돌은 1628년 권리청원으로 시작하여 1642년 청교도 혁명이라 일컬어지는 내전으로 이어졌다.

내전은 참혹한 양상을 띠었다. 종교 갈등이 상황을 더욱 악화시키곤 했다. 양쪽은 제가끔 신의 뜻을 따른다고 믿었기 때문에 타협의 여지가 없었다. 내전 기간에 도시 포위 공격이 이어지면서 기아나 전염병으로 많은 사람이 숨졌고, 어느 한쪽이 전투에서 승리하면 부녀자나 어린이를 가리지 않는 학살이 벌어지곤 했다.

1649년 의회파의 주도권을 장악한 독립교회파의 승리로 찰스 1세는 처형되었고 군주제는 일시 폐지되었다. 그 후 공화제가 선포되고 독립교회파 지도자인 올리버 크롬웰을 중심으로 한 군사 독재 체제인 호민관(護民官) 정치가 시행되었다.

엘리자베스 1세

제임스 1세

홉스 시대 집권자들

1558년부터 1685년까지 최고 권좌에 앉은
사람들이다. 튜더가의 엘리자베스 1세 여왕,
스튜어트가의 제임스 1세와 찰스 1세,
그리고 공화국이 선포된 뒤 호민관의 지위에 오른
올리버 크롬웰과 리처드 크롬웰. 그 뒤를
스튜어트가의 찰스 2세가 이었다(시계 방향).

찰스 1세

찰스 2세

리처드 크롬웰

올리버 크롬웰

크롬웰이 이끄는 공화국이 직면한 중대 현안 중 하나는 정통성을 확보하는 것이었다. 다시 말해 공화국은 충성받을 자격을 가진 합법적 권위가 있다는 사실을 입증해야 했다. 그래서 공화국 설립 직후 집권 기구인 국무회의의 모든 구성원은 공화국에 충성 서약을 했으며, 그 후 18세 이상의 모든 남성으로 충성 서약이 확대되었다. 그러나 이 조치는 많은 사람들이 전 국왕에 충성을 서약했다는 사실과 대역죄에 대한 양심의 가책으로 호응을 얻지 못했다. 그러자 새 정권은 국민에게 보호를 약속함으로써 복종의 의무를 이끌어 내려 했다.

1658년 크롬웰이 병으로 사망한 뒤 그의 아들인 리처드 크롬웰을 거쳐 1660년 스튜어트 왕조의 군주제가 되살아났다.

이처럼 17세기 영국에서는 왕과 의회 사이의 갈등에 군대가 껴들어 지배권 쟁탈전이 벌어졌다. 그래서 역사가들은 17세기 영국이 정치적 실험실 역할을 했다고 말하기도 한다.

오늘날에도 개발도상국에서는 정부와 의회, 군대가 곧잘 권력 쟁탈을 둘러싼 갈등의 중심이 되곤 한다. 우리나라에서는 1979년 박정희 대통령이 피살된 뒤 전두환 보안사령관을 중심으로 한 이른바 신(新)군부 세력이 집권한 과정이 그 대표적 예이다. 당시 권력의 진공 상태에서 정부와 의회는 헌법 개정과 새 대통령 선거 실시를 놓고 심각한 갈등을 빚었다. 이것이 신군부 세력에게 집권을 노릴 만한 기회를 제공했으며, 결국 정부와 의회, 군대의 권력 다툼은 총을 앞세운 신군부 세력의 승리로 마무리되었다.

청교도 혁명 기간 중 독립교회파의 좌파인 수평파의 반란을 눈여겨볼 필요가 있다. 수평파의 반란은 홉스의 정치 사상이 당시 시대 상황과 밀접한 관련이 있음을 예시하기 때문이다.

수평파는 소농민, 도시 소상인 등을 중심으로 이루어진 정치 집단이었는데, 당시 현실로는 받아들여질 수 없을 정도의 정치적 평등을 요구했다.

수평파는 자연법(自然法, law of nature)이 인간 개개인에게 천부적이고 양도할 수 없는 권리를 부여하며, 법이나 정치 제도는 오직 이 권리를 보호하기 위해서만 존재한다고 해석했다. 이들은 또한 정치권력을 정당화해 주는 국민의 동의는 개인적 행위이고 모든 사람이 자기 자신을 위해서 행동할 권리가 있다고 파악했다. 이들은 국가를 구성하는 자유로운 개인들이 자기 이익이라는 동기에서 협력하며 개인의 자유를 위해서 법률을 제정한다는 새로운 국가 개념을 제시했다.

수평파의 이러한 주장은 홉스의 정치 사상과 비슷한 내용을 담고 있다. 수평파는 홉스와 마찬가지로 당파의 이해를 넘어서 그 시대의 사회적 변화에 관심을 기울였다. 이들은 민주·공화적인 성격을 띠고 출현한 최초의 근대적 정당으로 여겨진다.

시대적 요구에 대한 답변

홉스의 정치 사상은 정치적, 사회적 혼란을 방지할 수 있는 국가 권력의 수립이라는 시대적 요구를 반영하고 있다. 따라서 홉스의 정치 사상은 영국 내전의 산물이라고 해도 지나친 말이 아니다. 하지만 홉스는 투쟁 당사자들 중 어느 편도 들지 않았다. 홉스가 보기에는 왕당파나 의회파 모두 자신들이 놓인 상황을 제대로 이해하지 못한 채 행동하고 있었기 때문이다.

당시 왕당파와 의회파는 입법권과 행정권의 한계에 대해 논쟁을 벌였지만 그들의 역사 지식은 보잘것없었고, 게다가 과거에 대한 편견에 사로잡혀 있었다. 양쪽은 지금 우리가 입헌군주제라고 일컫는 것을 원했으면서도 그 어느 쪽도 입헌군주제가 어떻게 조직되어야 하는지 명쾌하게 설명할 수 없었다. 결국 입헌군주제 이전의 기존 군주제는 1641년 의회의 결정에 따라 영국 역사에서 사라졌지만 의회에서 서로 갈라져서 싸우던 당파들 중 어느 쪽도 어떤 일이 발생했는지를 제대로 이해하지 못했다.[7]

이 같은 상황에서 홉스는 완전히 새로운 국가 이론을 기초함으로써 인간 사회에 새로운 질서를 세우려 했다. 사람들이 시대 변화를 따라가지 못하고 혼란에 빠져 있을 때, 그래서 중요하지 않은 사건에 매달릴 뿐 아니라 피할 수도 있었던 분쟁에 빠져들어 지엽적이고 불필요한 문제들만 제기하고 있을 때, 홉스는 올바른 질문을 던지고 올바른 해답을 만들어 내려 했던 것이다.

어떻게 낡은 사상을 몰아낼 것인가 3

서양의 중세 사회는 교회가 세계의 중심이었다. 하지만 중세 말기에 면죄부 판매 때문에 교회의 권위가 실추됨으로써 유럽은 단일한 그리스도교 국가라는 중세의 이상을 포기하게 되었다. 아울러 종교개혁은 교회가 아니라 개인이 종교 생활의 중심이 되는 결과를 가져왔다. 이에 따라 중세 시대의 특징인 교회 중심의 보편주의가 무너진 자리에 개인을 기초로 하는 근대 사회가 들어서게 된다. 이 과정에서 인간 해방이라는 이념이 사회 변화를 부추기고 있었다. 인간 해방의 이념은 이성을 바탕으로 하면서, 마법이나 기적과 같은 초(超)자연적인 것에 대한 공포심이나 미신을 배격하고 인간과 자연에 대한 합리적인 이해를 강조하는 태도를 말한다.

이미 사회는 더 이상 전통적인 위계질서에 의존하지 않았다. 새로운 사회는 시장에서 볼 수 있는 것처럼 자유로운 경쟁을 중심으로 움직이고 있었다. 시장은 사는 사람과 파는 사람이 상품의 가치를 평가하고 그 값을 흥정하면서 거래가 이루어지는 곳이다. 시장에서는 사는 사람과 파는 사람이 사회적으로 어떤 지위에 있는지, 어느 정도의 교양을 지녔는지, 어떤 치장을 했는지 따위는 고려의 대상이 되지 않는다. 상품의 가치가 얼마나 되는지 평가하고 이를 바탕으로 가격을 매긴다. 이것이 시장의 기능이다.

개인이 중심이 되는 새 시대는 기존의 가치 체계를 흔들면서 새로운 질서의 정립을 요구하고 있었다. 홉스는 중세의 전형적인 사고의 틀을 벗어나 근대 초기에 나타난 사회·정치 현상을 투명하게 바라보았으며, 『리바이어던』을 통해 당대의 현실 문제에 대한 처방을 제시하려 했다.

새로운 시대를 위한 철학의 방법

중요한 문제에 대한 해답을 찾아내려면 먼저 문제 해결에 사용할 적절한 방법이 무엇인지를 결정해야 한다. 홉스 역시 새로운 방법론에 큰 관심을 보였으며 이를 위해 종교개혁과 자연과학의 발달에 따른 새로운 사상의 흐름을 받아들였다.

데카르트가 1637년 『방법서설』(*Discours de la méthode*)을 쓴 것에서 알 수 있듯이 홉스와 동시대를 살았던 사상가들은 새로운 방법론을 모색했다. 오랫동안 인간의 정신을 지배해 온 낡은 철학을 몰아내는 일은 방법의 문제와 긴밀히 연결된다. 새로운 사상은 기존 사상을 얼마나 설득력 있게 비판하느냐가 중요하기 때문에 방법론의 선택은 이론적 성공을 결정짓는 열쇠와 같았다. 권위로 무장한 기존 사상을 무너뜨리고 새로운 사상으로 이를 대체하려면 잘 짜인 전략과 전술이 필요했다.

르네 데카르트
1596 ~ 1650

데카르트는 세계의 모든 존재를 의심스러워하더라도
의심을 하는 나 자신의 존재만은 확실하다고 생각했다.
이 확실성에서 세계에 관한 모든 인식이 유도된다는
근본 원리를 『방법서설』에서 확립하게 된다.

철학과 과학

홉스는 유럽 대륙을 여행하는 동안 만난 주요 과학자, 철학자들과의 교류를 통해 과학이 기하학의 연역법을 응용한 것이라고 확신하게 되었다. 그리고 홉스는 이러한 종류의 과학만이 큰 발전을 이룰 수 있고 우주의 개념을 근본적으로 바꿀 수 있다고 생각했다.

자연과학의 발달과 그 영향으로 홉스는 자신의 사상을 펼쳐 나갈 때 먼저 여러 가지 개념을 정교하게 정의하는 작업에서 시작했으며, 이 개념들을 연역적 추론의 밑바탕으로 삼았다. 연역적 방법이란 몇 가지 전제로부터 결론을 이끌어 내는 것을 말한다. 예를 들면 '모든 인간은 동물이다'와 '모든 동물은 생물이다'라는 전제에서 '모든 인간은 생물이다'라는 결론을 이끌어 내는 식이다.

특히 홉스는 친교를 맺은 프랜시스 베이컨(1561~1626)의 영향을 받아 경험적인 사실의 인과관계를 중시한다. 베이컨은 자연의 관찰과 실험을 중시하면서 근대 과학의 방법론을 확립했으며, 영국 경험론의 기초를 세웠다. 홉스 또한 경험에서 추출된 원리를 추론의 시발점으로 삼았으며, 결론도 경험에 의해 검증하곤 했다.

홉스에 따르면, 철학(학문)은 인과관계와 관련된 것이다.

철학은 우리가 어떤 것의 원인 또는 발생에 관해 알고 있던 지식에서 참된 추론을 통해 획득한 결과 또는 현상에 대한 지식이다. 또한 철학은 먼저 알고 있던 결과들에서 얻게 되는 원인 또는 발생에 대한 지식이다.[8]

프랜시스 베이컨
1561 ~ 1626

자연의 관찰과 실험에 바탕을 둔 귀납적 방법을 중시하면서
근대 과학의 방법론을 확립했으며, 영국 경험론의 기초를 세웠다.

철학을 연구하는 데 가장 빠른 방법은 이미 알려진 원인에서 그 결과를 발견해 내거나, 또는 이미 알려진 결과에서 그 원인을 발견해 내는 것이다.[9]

다시 말해 철학자는 이미 알려진 원인에서 결과를 발견하거나 알려진 결과에서 원인을 찾아내며, 또 그렇게 추론 과정을 거친 것만을 지식으로 인정할 수 있다는 것이다.

홉스의 방법론과 관련해서 17세기에는 철학과 과학이라는 두 용어 사이에 구별이 없었다는 점을 기억해 둘 필요가 있다. 예를 들어 프랑스 철학자 데카르트와 파스칼(1623~1662)은 수학자, 자연과학자이기도 하다. 근대를 지나 여러 분야로 갈라지기 전에는 철학이나 과학이 모두 똑같이 학문을 뜻했다. 철학(philosophy)은 '지혜를 사랑하다'라는 뜻을 지닌 그리스어 'philosophia'에서 나온 말이고, 과학(science)은 어떤 사물을 '안다'는 뜻의 라틴어 'scire'에서 유래된 말이라는 어원의 차이만 있을 뿐이었다. 홉스는 철학을 다음과 같이 정의한다.

철학이란 추리(reasoning)로 얻는 지식인데 어떤 사물의 생성 방법에서 그 사물의 특성을 추리하거나, 아니면 어떤 사물의 특성에서 그 사물의 생성 방식을 추리해 내는 것을 말한다.

철학은 결국에는 물질과 인간의 힘이 허용하는 한 인간 생활이 필요로 하는 여러 결과를 산출할 수 있게 하는 것이다. 그래서 기하학자는 도

유클리드
B.C. 330 ~ B.C. 275

고대 그리스의 수학자. 플라톤의 수학론을 기초로 하여, 그 이전의
수학(기하학)을 집대성한 『기하학 원리』(Stoikheia)를 남겼다. 라파엘로의 그림
'아테네 학당'(부분). 위는 영어로 번역된 『기하학 원리』(Elements)의 표지.

형들의 구성에서 그 도형들의 여러 가지 특성을 찾아내고 그 특성을 가지고 추리를 하여 도형 구성의 새로운 방식을 발견한다. 그리하여 결국 토지와 물을 측량할 수 있게 되며, 그 밖의 무한한 활용 방법에 이르게 된다.[10]

기하학

고대 그리스의 수학자 유클리드가 기초를 세운 기하학은 물건의 모양이나 크기, 위치에 관한 성질을 연구하는 수학의 한 분야이다. 기하학은 '선'이나 '점' 같은 용어의 의미를 명확하게 정의하고, 이런 정의에서 엄격하게 결론을 유도해 내는 증명 방법을 사용한다.

'두 점 사이의 최단 거리는 직선이다', '평행하는 두 직선은 만날 수 없다'와 같이 누구도 부정할 수 없는 확실성을 지닌 명제를 공리라고 한다. 수학 시간에 배웠다시피 도형의 어떤 성질을 나타내는 명제가 참이라는 것을 증명할 때, 그 근거로 제시되는 공리까지 증명할 필요는 없다. 공리는 분명한 참이고, 증명의 출발점이 된다.

홉스는 40세가 넘어서 기하학을 처음 알게 되고 기하학의 증명 방법에 큰 감명을 받았다. 홉스와 같은 시대에 살던 존 오브리는 홉스의 생애에 관한 『짧은 전기』(*Brief Lives*)에서 홉스가 기하학을 처음 접했을 때를 다음과 같이 생생하게 묘사하고 있다.

그는 40세가 넘어 우연하게 기하학을 접했다. 그는 어떤 신사의 서재에서 유클리드의 저서 『기하학 원리』가 펼쳐져 있는 것을 보게 되었다. 그것은 '1권 명제 47'이었다. 그는 그 명제를 읽었다. 그는 "신에 맹세코(그는 가끔 무엇을 강조할 때 이렇게 맹세했다) 이것은 불가능해!"라고 말했다. 그래서 그는 그 증명을 읽고, 그 증명이 다른 명제를 참조하도록 되어 있으면 그 명제를 읽었고, 그것이 또다른 명제를 참조하도록 되어 있으면 또 그것을 찾아 읽었다. 이와 같이 계속한 끝에 마침내 그는 그 명제가 참이라는 것을 증명에 의해 납득하게 되었다. 이 일이 있은 뒤 그는 기하학을 사랑하게 되었다.[11]

유클리드의 명제 47은 피타고라스의 정리이다. 지금은 잘 알려져 있지만 홉스 시대에만 해도 생소한 것이었던 모양이다. 홉스는 그것을 한 걸음 한 걸음 따라가 그 명제가 증명되는 근원인 공리까지 거슬러 올라갔다. 피타고라스의 정리는 '직각 삼각형의 직각을 포함하는 두 변(a, b) 위의 정사각형의 넓이의 합은 빗변(c) 위의 정사각형의 넓이와 같다'는 정리를 말한다. 이에 따라 '$a^2+b^2=c^2$'이라는 공식이 나온다.

홉스는 기하학을 접한 뒤에는 자신의 경험을 일반화해 모든 사상을 공리의 체계로 표현하려고 했다. 홉스는 기하학이 선과 도형에 관한 정의에서 시작하는 것처럼 자신의 저술 초반

부에 각종 용어에 대한 엄격한 개념 정의로 논리를 전개하기 시작한다.

『리바이어던』1장을 보자. 홉스는 1장 제목을 '감각에 대하여'로 정하고 감각에 대한 자신의 의견을 제시한다.

> 모든 사고의 근원을 우리는 감각이라고 말한다. 사람의 마음에 떠오르는 생각은 모두 처음에는 전부 또는 부분적으로 감각 기관에 나타나는 것이다. 나머지 생각은 이 감각에 근원을 두고 있는 것이다. (……) 감각의 원인은 외부 물체나 대상이다. 이 외부 물체나 대상은 직접적으로는 미각과 촉각, 간접적으로는 시각, 청각, 후각 등 각각에 적절한 감각 기관에 압력을 가한다. 그리고 이 압력은 신경의 매개 또는 신체 근육과 박막(薄膜) 같은 매개를 거쳐 두뇌와 심장에 전달되며, 여기에서 저항, 반대 압력 또는 심장의 박동을 일으킨다.[12]

홉스는 인간의 감각에 이어 상상력, 언어, 이성, 학문 등에 대해서도 과학적으로 엄밀한 개념 규정을 시도한다. 홉스가 이처럼 딱딱해 보이는 서술 방식을 선택한 이유는, 기하학의 방법을 이용해 운동 따위에 관한 과학의 추상적 원리에서 사회에서의 인간 행위를 연역해 내려 한 것이다.

홉스는 또한 특수한 것에서 보편적인 것을 찾아내려 했다. 다시 말해 그는 '이곳 저곳'에서의 법칙이 무엇인지를 제시하려 한 것이 아니라, 보편적으로 적용되는 법칙이 무엇인지를 제시하려

했다. 특히 그는 물리학, 심리학, 정치학 사이에는 연속성이 있으며, 여러 분야를 일관성 있고 체계적으로 고찰할 수 있다고 확신했다. 홉스는 특히 사람들이 자신의 생각이나 행동을 돌이켜보면 누구에게나 적용할 수 있는 일반 법칙을 찾아낼 수 있다고 보았다.

> 사람들이 자신의 마음을 깊이 들여다보고 무엇을 어떤 근거에서 생각하고 판단하거나 추리하며, 희망이나 두려움을 느끼는가를 고찰한다면, 그는 비슷한 상황에서 다른 사람들이 어떤 생각과 감정을 갖게 되는지를 판단하고 이해할 수 있다.[13]

홉스는 인간 생활이 심리적 구조에 의해 통제된다고 보았다. 어떤 상황에 대한 자신의 판단이나 평가는 다른 사람이 비슷한 상황에 직면했을 때의 판단 또는 평가의 거울이 된다고 본 것이다.

유물론

홉스는 갈릴레이 물리학의 영향을 받아 철저하게 유물론적 입장을 지켰다. 유물론*이란 세계의 본질이나 근원을 물질적인 것에서 찾는 것을 말한다. 그는 갈릴레이에 대해 "운동의 본질에 대한 지식, 곧 일반적인 자연과학의 문을 우리에게 처음 열어 보인 사람은 우리 시대의 갈릴레이였다."[14] 고 극찬했다.

갈릴레이 이전에는, 정지된 물체는 다른 어떤 것이 그것을 움직여 주지 않는 한 영원히 정지해 있을 것이며, 어떤 외부의 힘이 가해질 때만 운동(motion)을 계속할 수 있다는 것이 물리학의 정설이었다. 하지만 갈릴레이는 움직이는 물체는 어떤 다른 것이 그것을 멈추게 하지 않는 한 계속 운동 상태에 있으며, 외부 힘의 지속적인 작용이 없어도 그 운동은 계속된다고 가정했다. 그러니까 운동이 물질 자체의 속성이라는 것이다.

갈릴레이의 이론은 사상사에 혁명적인 변화를 불러왔다. 사상가들은 이제 사물이 정적인 상태보다 동적인 상태에 있는 게 자연스러운 것이라고 여기게 되었다. 근대 사회가 끊임없이 역동적인 변화를 추구해 온 것도 이와 관련이 있을 것으로 생각된다.

홉스 또한 물체와 운동에 대한 확고한 신념을 자신의 철학 중심에 두었다. 이 점에서 철저한 유물론자로서의 홉스의 면모를 알 수 있다. 홉스는 궁극적인 실체는 '운동하고 있는 물체'라고 생각했으며, 사람은 외부의 사물이 운동하지 않는 한 이 사물에 대해 알 수 없다고 판단했다.

물체가 일단 운동하게 되면 이 물체는 (다른 어떤 것이 저지하지 않는한) 영원히 움직이게 된다. 무엇인가가 이 운동을 저지할 경우 시간이지나면서 천천히 운동을 멈추게 할 수 있다. 이는 물을 지켜보았을 때바람이 일고 나서 잠잠해진 뒤에도 오랫동안 물결이 출렁이는 것을 볼수 있는 것과 같다.[15]

*유물론이라는 용어는 18세기에 성립되었지만, 그 사상적 경향은 고대 그리스의 데모크리토스가 원자론을 주장한 것처럼 오래전으로 거슬러 올라간다.

갈릴레오 갈릴레이
1564~1642

갈릴레이는 지동설을 주장하면서 사상에 혁명적 변화를 불러일으킨다.
아래 그림은 갈릴레이가 로마 가톨릭교회의 종교재판을 받는 모습이다.
크리스티아노 반티의 그림. 1857.
오른쪽은 갈릴레이가 목성과 그 위성을 관찰한 기록.

홉스에 따르면 운동은 "거의 유일한 보편적인 원인"이다. "왜냐하면 모든 형태의 다양성은 그것을 만든 운동의 다양성에서 비롯되기 때문이다."[16] 또 홉스는 어떤 것도 스스로 움직이지 못하며, 오직 물체만이 다른 물체를 움직일 수 있다고 생각했다.

홉스는 이런 시각을 인간 사회에도 적용했다. 인간에게도 지속적인 운동이 필수라고 가정하고, 운동하는 인간들이 '사회적' 충돌을 피하려면 분리되어 있어야 한다고 보았다. 다시 말해 홉스는 인간을 '사회적 원자(atom)'와 같은 존재로 본 것이다.

물체에 대한 생각이 인간에게 응용됨에 따라 독특한 홉스의 철학으로 완성되었는데, 이는 당시 시대 배경과 연관지어 생각해 볼 필요가 있다.

근대라는 한 시대가 개막되면서 기존 질서는 무너지고 새로운 질서는 아직 제대로 자리잡지 못했다. 홉스가 출발점으로 삼은 것은 냉혹하고 위협적이고 변덕스러운 세계에서 질서를 창조하기 위해 혼신의 힘을 기울이는 고독한 개인이다.

홉스는 이에 따라 인간 생활에서 부단한 운동 과정인 경쟁과 갈등을 중시하게 되고, 그 결과 정치 사상의 중심 과제를 질서에 두게 된다. 홉스는 국가를 상호 파괴적인 운동이 일으키는 갈등을 억제해 주는 '힘의 장치'로 보았다. 그는 근대 초기 사람들 사이의 끝없는 힘의 충돌을 막아 주는 장치로 리바이어던, 곧 절대 주권 국가를 고안해 낸 것이다.

분해 종합 방법

홉스는 유물론적 입장에서 물체와 운동을 연구하면서 『리바이어던』을 비롯한 자신의 주요 저서에 갈릴레이의 '분해 종합 방법'을 원용했다.

먼저, 분해 방법은 연구 대상을 최상의 방법으로 풀어내기 위해 필요한 만큼 되도록 여러 부분으로 나누는 것이다. 종합 방법은 가장 단순하고 쉬운 인식 대상에서 단계적으로 가장 복잡한 것으로 나아감으로써 무질서에 질서를 부여하는 방법이다.[17]

다시 말해, 분해 종합 방법은 결국 연구 대상을 될 수 있는 대로 가장 단순한 요소로 분해한 뒤 엄밀한 추론 과정을 거쳐 이를 다시 결합하는 것이다. 가장 단순한 요소로 분해한다는 것은 더 이상 증명이 요구되지 않는 근본 원리, 곧 공리를 찾아내는 것을 뜻한다. 사각형을 예로 들어 보자. 사각형은 4개의 각과 4개의 변으로 분해할 수 있고, 이를 다시 종합함으로써 사각형은 4개의 각과 4개의 변을 지닌 도형이라는 결론을 이끌어 낼 수 있다.

홉스는 분해 종합 방법을 이용하면 기존의 모든 정치적 사실들을 그 구성 요소로 환원해 분석할 수 있고, 거꾸로 이러한 요소들에서 출발해 전체의 구성 원리나 법칙을 찾을 수 있다고 보았다. 이에 따라 기존의 사회를 가장 단순한 요소인 개인들로 분해하고 또 개인들을 운동의 기본 요소로 분해한 뒤, 다시 이를 하나의 논리적인 전체로 재구성하는 방법을 채택했다.

홉스는 분해 종합 방법에 따라 정의(正義)의 개념이나 정치와 관련된 사실들을 분석해 이를 '개인 의지'라는 요소로 분해했고, 다시 개인 의지라는 요소에서 시작해 '집단 의지'의 필요성과 가능성을 연역해 냈다. 홉스 사상의 핵심이라 할 수 있는 '개인의 동의에 의한 국가 형성'은 이 방법에 바탕을 두고 있다.

인간을 과학적으로 이해하는 방법

국가를 이루는 것이 인간 개개인이라면 인간은 무엇이며 무엇으로 이루어져 있을까? 홉스는 『리바이어던』 서문에서 인간을 일종의 자동화된 기계로 보고 인간의 각 부분별 장치를 서술하고 있다.

> 생명이란 사지(四肢)의 운동에 지나지 않으며 그 운동은 내부의 중요한 부분에서 시작된다는 사실을 생각하면, 모든 자동 기계(시계처럼 태엽과 톱니바퀴에 의해 스스로 움직이는 기계)는 인공적인 심장을 갖고 있다고 말해선 안 될 이유가 없지 않은가? 곧, 심장은 태엽에 지나지 않고 신경은 수많은 선에 불과하고 관절은 수많은 톱니바퀴에 지나지 않는다. 이것들이 창조자가 의도했던 것처럼 전신에 운동을 하도록 만드는 게 아닐까?[18]

감각은 외부 물체의 압력을 받아 그것을 신경을 통해 뇌와 심장에 전달하고 뇌와 심장은 이에 대해 반응을 보낸다. 사람은 또 기억을 통해 과거의 감각 인상을 되새기며 그 경험을 축적한다. 홉스는 인간의 사고도 상호 연결된 것으로 간주한다.

사고의 결과나 흐름은 사고의 상호 연결을 뜻하며, 이는 (말에 의한 토론과 구별하기 위해) '정신적 대화'라고 일컫는다.[19]

규제된 사고의 흐름에는 두 가지 종류가 있다. 하나는 상상하는 결과를 놓고 그 원인을 찾거나 결과를 산출하는 수단을 찾는 것인데, 이는 사람과 동물에게 공통적인 것이다. 또 다른 하나는 무엇인가를 상상할 때 그것에 의해 만들어질 수 있는 모든 가능한 결과를 생각해 내는 것이다. 말하자면 상상하는 것이 있을 때 그것으로 무엇을 할 수 있는지를 생각해 내는 것이다.[20]

인간은 이 같은 사고 과정을 거치면서 어떤 결과의 원인을 추적하거나 어떤 원인의 결과를 추적할 수 있다. 인간은 이를 통해 선택한 여러 가지 행동으로 나타날 수 있는 결과를 예측하게 되는 것이다. 이와 관련해 홉스는 욕구를 예로 들면서 다음과 같이 설명한다.

욕구나 혐오 중에서 음식에 대한 욕구, 배설에 대한 욕구(이는 몸 안에서 느끼는 혐오라고 할 수 있다) 같은 것은 인간이 태어나면서부터 지니고 있는 것이다. (……) 그 외의 것, 다시 말해 개개의 사물들에 대한 욕구는 경험을 통해서, 그리고 그것이 자신이나 다른 사람에게 미치는 영향을 시험하는 데서 발생한다.[21]

앞서 밝힌 것처럼 홉스의 방법론은 근대 들어 발달하기 시작한 자연과학의 영향을 받은 것이다. 자연과학은 자연현상을 관찰하고 여기서 얻은 지식을 체계화하는 작업이기 때문에 경험적 지식을 기초로 삼게 된다. 근대에 들어서면서 과학자들은 현미경과 망원경 같은 새로운 장비를 활용하게 되었고, 각종 기계 장치를 이용해 자연현상을 간접적으로 관찰할 수 있게 되었다. 또한 관찰 대상을 자연에서 찾기 어려울 때는 인위적으로 환경을 조성해 관찰하는 작업, 곧 실험을 할 수 있게 되었다. 홉스는 이 같은 근대 자연과학의 눈부신 발전에 자극받아 자연과학의 원리를 인간과 사회현상 분석에 응용한 것이다.

오늘날 많은 정치학자들은 정치를 서로 맞물려 움직이는 기계 부품들의 결합체로 보곤 한다. 정치를 과학적으로 이해하려는 노력의 하나이다. 정치학자들이 국가를 자동차나 운항 중인 선박에 비유하고 정부를 자동차 성능 개선을 원하는 자동차 운전자로, 정치 지도자를 선박이 나아갈 방향에 대해 결정을 내리는 선장이나 항해사로 비유하는 것도 여기에서 비롯되었다.

홉스의 방법론이 지닌 의미

홉스는 앞에서 살펴본 것처럼 유물론 입장에 서서 기하학적 방법을 이용한 연역을 통해 인간이나 자연을 둘러싼 여러 현상을 설명했다. 구체적으로는 연구 대상을 여러 부분으로 나눈 뒤 다시 단계적으로 결합해 가는 분해 종합 방법을 사용했다. 홉스는 이것이 가장 과학적인 방법론이라고 여긴 듯하다.

홉스의 정치 사상에서 그의 방법론은 꽤 큰 비중을 차지한다. 홉스는 특히 방법론을 택할 때 자신의 사상을 누구나 쉽게 이해하게끔 하는 데 역점을 두었다. 자신이 내놓은 윤리학과 정치학이 자연과학자들뿐 아니라 살림살이를 꾸려 나갈 정도의 이성을 지닌 사람이라면 누구에게나 설득력 있게 받아들여지기를 기대했던 것이다.[22]

그러면 홉스의 방법론은 어떤 의미가 있을까? 이에 대한 대답은 다음과 같은 그의 말에서 찾아볼 수 있다.

국가를 건설하고 유지하는 기술은 산술이나 기하학에서와 마찬가지로 일정한 법칙에 있는 것이지 (테니스 경기처럼) 실습에만 있는 것은 아니다. 가난한 사람들은 여가가 없어 이 법칙을 발견하지 못했고, 여가가 있는 사람들은 호기심이 없거나 방법을 몰라서 이 법칙을 발견하지 못했다.[23]

홉스는 17세기 말에서 18세기에 걸쳐 유행하게 되는 합리주의와 경험주의라는 두 가지 철학 방법론을 모두 사용해 철학적 사고를 했다. 합리주의와 경험주의는 어떻게 지식을 얻느냐를 둘러싼 방법론의 차이를 나타낸다. 합리주의는 이성의 추론에 의존하는 반면, 경험주의는 말 그대로 경험에 의존한다.

합리주의와 경험주의의 차이는 자동차가 고장났을 때 어떻게 대처하느냐 하는 것으로 설명될 수 있다.

자동차가 자주 말썽을 부릴 경우 어떤 사람은 자동차 공학에 따라 자동차의 문제점을 분석한 뒤 카뷰레터(기화기)에 이상이 있다는 것을 찾아낸다. 이것을 합리주의라고 할 수 있다. 다른 한 사람은 전에 타던 자동차가 이와 비슷한 고장을 일으켰을 때 카뷰레터가 문제였다는 과거 경험을 기억해 내고 카뷰레터의 이상을 찾아낸다. 이는 경험주의인 것이다. 두 사람의 방법론은 다르지만 카뷰레터를 새것으로 교체함으로써 문제를 해결하는 것은 같다.

합리주의 방법론은 이성의 추론에 따라 특수한 결론을 이끌어 내는 것이다. 그러나 추론 과정이나 결론이 옳은지를 검증하려면 경험이 뒷받침되어야 한다. 반면, 경험주의 방법론은 인간의 다양한 경험을 기반으로 다른 사람이 생각하고 행동하는 방식이나 원인을 찾아내려는 것이다. 합리주의 방법론이 더 신뢰할 수 있는 것이지만 경험주의 방법론은 사람들이 쉽게 접근하고 쉽게 이해할 수 있다는 장점이 있다.

홉스는 두 방법론이 같은 결과를 낳는다고 생각했다. 홉스는 궁극적으로 인간이 분쟁을 피할 수 있는 방법을 찾으려 했고, 두 방법론이 모두 유용하다고 판단했다. 그래서 그는 개념 정의를 내릴 때 경험을 바탕으로 삼았고, 추론할 때도 자신의 경험을 통해 검증하거나 다른 사람들의 행동을 비교하곤 했다.

홉스의 인간론

인간의 본성 4

우리가 에덴동산 같은 낙원에 살고 있다고 가정해 보자. 그리고 나무에는 다이아몬드나 고급 승용차, 최신형 컴퓨터, 대형 텔레비전과 같이 원하는 것이 무엇이든 열매로 열려 그냥 따기만 하면 가질 수 있다고 생각해 보자. 그렇다면 사람들 사이에 분쟁이 생길 리가 없다. 하지만 현실에서 우리가 원하는 것을 얻으려면 노동을 해야 한다. 또한 사람들이 더 적은 것을 갖고도 만족할 수 있다면 역시 분쟁은 많이 해소될 것이다. 그러나 사람들의 욕구는 강렬한 것이어서 대부분의 사람들은 빵 한 조각으로는 만족하지 못한다. 게다가 사람들은 다른 사람이 무슨 생각을 하는지 알지 못한다. 서로에게 한번 의심이 생기면 그것은 좀처럼 사라지지 않는다. 서로를 불신하면서 자신의 욕구를 채우려 하기 때문에 분쟁이 그치지 않는다. 홉스가 묘사한 인간의 본성은 이런 것이다.

『리바이어던』에서 홉스는 인간 본성에 바탕을 두고 국가에 대한 이론을 정립했다. 홉스의 인간론은 그의 정치 사상을 이해할 수 있는 열쇠가 되는 셈이다.

상대주의적 도덕관

홉스는 먼저 인간 본성을 분석한 뒤 이를 자신의 사상을 체계화하는 밑바탕으로 삼았다. 홉스가 쓴 『인간의 본성』(*Human Nature*), 『정치체론』(*De Corpore Politico*), 『시민론』(*De Cive*)은 모두 제1부가 인간 본성에 관한 분석과 이를 근거로 한 자연법에 관한 고찰로 시작된다. 그의 대표작인 『리바이어던』의 첫 부분도 인간의 본성을 다룬다. 홉스는 4부로 이루어진 『리바이어던』의 1부를 '인간에 대하여'로 이름 붙였고, 여기에서 인간의 감각, 상상력, 언어, 학문, 정념 등에 관한 철학을 구체적으로 설명한다.

인간에 대한 홉스의 인식은 개인주의에 바탕을 둔다. 인간의 행위 동기가 자기 이익에 있다는 게 홉스의 주장이다. 먼저 그는 인간이 선과 악의 기준을 욕구나 혐오에 두고 있다고 본다. 그리고 이를 발판으로 상대주의적 도덕관을 제시한다. 사람들은 선과 악에 관한 말을 자기 주관에 따라 판단하고 사용하기 때문에 절대적인 선이나 절대적인 악은 존재하지 않는다는 것이다.

사람들은 그것이 무엇이건 간에 욕구나 의욕의 대상을 선이라고 말하며, 증오나 혐오의 대상은 악이라고 말한다. 그리고 경멸의 대상은 혐오감을 준 것 또는 하찮은 것이라고 말한다. 이러한 선과 악, 경멸이라는 말이 사용되는 것은 그 말을 하는 사람과 관련이 있다. 따라서 절대적으로 선하거나 악하거나 경멸할 만한 것은 존재하지 않는다. 선과 악의 공통 규칙은 대상 자체의 본질에서 나오는 것이 아니다. 선과 악의 공통 규칙은 (국가가 없는 곳에서는) 사람의 인격에서, 또는 (국가 안에서는) 사람을 대표하는 인격에서 나오거나, 의견을 달리하는 사람들이 동의를 통해 일에 대한 규칙의 판정을 맡긴 중재자나 재판관한테서 나온다.[24]

모든 논쟁은 내 것과 네 것, 옳은 것과 그른 것, 유익한 것과 무익한 것, 선한 것과 악한 것, 정직한 것과 부정직한 것 등에 관해 사람들의 의견이 다르다는 데서 일어난다. 곧, 사람들은 모두 자신의 판단에 따라 모든 일을 평가한다.[25]

그리 어려운 말은 아니다. 우리 주변에서 예를 들어 보자. A 회사에 다니는 김 과장이라는 사람이 있다. 회사 임원들은 그가 일 처리를 잘하면서도 상사에게 공손한 인물로 평가하는 반면, 김 과장 밑에서 일하는 직원들은 그가 힘든 일을 다른 사람에게 떠넘기면서 상사에게 잘 보이는 데만 혈안이 된 나쁜 인물이라고 볼 수 있다. 학교에서도 어떤 학생에 대한 주위 사람들의 평가가 극과 극을 달리는 경우가 있다. 살다 보면 이런 일을 흔히 마주치게 된다. 사람들은 다른 사람이나 사물을 자신의 이해관계가 반영된 시각으로 보기 마련이고, 이에 따라 평가가 달라지는 법이다.

동양 고전에서도 이와 비슷한 말을 쉽게 찾아볼 수 있다. 다음은 『장자』의 '제물론(齊物論)'에 나오는 말이다.

지금 내가 너와 논쟁하고 있지만 만일 네가 나를 앞서게 된다면, 네 말이 옳고 내 말은 그른 것이 되겠느냐? 반대로 내가 앞선다면, 내 말이 옳고 네가 그른 것이 되겠느냐? 어느 쪽이 옳고, 어느 쪽이 그르게 되겠는가? 양쪽이 다 옳거나, 아니면 양쪽이 다 그른 것이 되겠는가? 당사자인 우리 두 사람이 판정을 내릴 수는 없다. 그러나 제삼자에게 부탁한다 해도 그 역시 판단하기가 어려울 것이다. 만일 판정하는 사람이 너와 같은 의견이라면, 그는 벌써 공정한 판단을 내릴 수 없는 것이다. 그렇다고 해서 양쪽과 의견이 다른 사람에게 판정을 내리게 하면, 양쪽 다 부정할 것이 틀림없다. 또 양쪽과 의견이 일치하는 사람이라면, 판정을 내리기가 더욱 어렵다. 따라서 어떤 사람이건 간에 옳고 그른 것의 판정을 내릴 수 없게 된다.[26]

좋은 것이 무엇이고 나쁜 것이 무엇인가, 또는 옳은 것은 무엇이고 그른 것은 무엇인가 하는 문제는 동서고금을 통해 중요한 철학적 논쟁거리였다. 보편적인 선과 악의 기준, 다시 말해 언제 어디서나 적용할 수 있는 선과 악의 기준이란 존재하지 않으며, 개인 사이의 관계에서 상대적으로만 가치를 인정할 수 있다는 견해는 자칫 윤리적 회의주의에 빠지기 쉽다. 그러나 홉스는 가치의 상대성을 인정하면서 그 해법으로 국가라는 정치적 장치를 제시하게 된다.

정념과 이성

홉스는 인간의 본성이 신체와 정신의 힘으로 이루어진다고 보고, 이것은 신체 능력, 경험, 이성, 정념(情念, passion)이라는 네 가지를 포함한다고 말했다.[27] 여기서 이성과 정념은 홉스의 인간론에서 특히 강조되는 개념이다.

홉스는 인간의 삶 자체가 운동이며, 그것은 궁극적으로 육체의 자연적 필요성, 다시 말해 죽음에 대한 공포와 권력에 대한 보편적이고도 천부적인 욕구에서 비롯된다고 보았다.

> 우리가 이 세상에서 사는 동안 영원한 정신적 평정 같은 것은 없다. 왜냐하면 삶 자체는 다만 운동일 뿐이며, 감각 없이 존재할 수 없는 것처럼 욕구나 공포 없이도 결코 존재할 수 없기 때문이다.[28]

홉스는 인간을 정념의 존재로 보았다. 그리고 사람들의 기본적인 정념은 비슷하다고 생각했다. 여기서 말하는 정념은 욕구나 공포 같은, 이성적 판단을 압도하는 강렬한 감정을 뜻한다. 그렇지만 한편으로 홉스는 인간을 이성적 존재라고 믿어 의심치 않는다.

무엇보다 홉스는 인간의 모든 자발적 행위가 심사숙고의 과정을 거쳐 결정된다고 보았다. "의지는 심사숙고에 의한 최후의 욕구"[29]이기 때문이다. 다시 말해 모든 인간의 행동은 자신의 욕구나 혐오에 따라 결정되며, 그 행동이 자신의 욕구를 충족시킬 수 있을지, 행동의 결과는 어떻게 나타날지 면밀하게 계산함으로써 결정된다. 여기서 계산이라는 행위가 홉스에게는 이성을 뜻한다. 홉스는 이성을 산술적인 시각에서 파악했다. 곧, 홉스에게 이성이라는 것은 추론이며 추론은 계산이다.

추론한다는 것은 부분들을 가산해 합계를 추측거나, 다른 부분에서 어떤 액수를 뺀 나머지를 추측하는 것이다.[30]

예를 들자면 "정치에 관한 글을 쓰는 사람들은 여러 가지 계약을 합해 인간의 의무를 찾아낸다. 법률가들은 여러 가지 법과 사실을 합해 개개인의 행위에서 무엇이 옳고 그른지를 밝혀낸다"[31]는 것이다.

평등

홉스는 인간은 나면서부터 평등하다고 주장한다. 하지만 우리가 흔히 생각하듯이 당위적인 인권 옹호의 차원에서 평등을 말한 것은 아니다. 홉스의 산술적인 시각은 이성뿐 아니라 평등을 분석하는 데에도 관철되고 있다.

홉스는 어른들 사이에는 힘과 지식의 차이가 거의 없으며, 힘이나 지혜가 모자란 사람이라도 더 강한 힘을 가진 인간을 완전히 파멸시킬 수도 있다고 지적했다. 그는 한 사람의 목숨을 빼앗는 데는 특별히 강한 힘을 필요로 하지 않기 때문에 단순한 본성에서 고려할 때 인간은 서로 간에 평등을 인정해야 한다고 했다.[32]

할리우드 배우 아놀드 슈워제네거는 이제 미국의 거물급 정치인으로 변신했지만 초기 작품 '코난' 같은 영화에서는 울퉁불퉁한 근육을 내세운 무적의 용사로 나왔다. 슈워제네거가 연기한 코난 같은 힘센 사람도 잠을 잘 때는 무방비 상태이며, 깨어 있더라도 누가 독약으로 살해하려 한다면 이를 막아 내기 어려울 것이다. 구약성서에 나오는 삼손이 잠에 빠졌을 때 그의 힘의 원천인 머리카락을 누가 잘랐는지 기억하면 쉽게 이해할 수 있을 것이다. 사람들은 모두 공격당하기 쉽다는 점에서는 별 차이가 없으며 가장 약한 사람도 가장 강한 사람을 얼마든지 죽일 수 있다.

육체적으로 강한 것에 관해 말하자면, 가장 약한 사람도 은밀한 음모를 꾸미거나 똑같은 위험에 놓인 다른 사람과 공모하여 가장 강한 사람을 살해할 수 있는 힘을 가지고 있다.[33]

(사람들) 상호 간의 공포의 원인은 부분적으로는 인간의 자연적인 평등에 있으며 부분적으로는 그들 상호 간에 서로 해치려는 의지에 있다. (……) 어른 한 사람을 놓고 볼 때 우리 인간의 신체 조직이 얼마나 쉽게 부서지는가를 (……) 그리고 더욱이 가장 약한 사람이 가장 강한 사람을 살해하는 것이 얼마나 쉬운 일인가를 고려한다면, 어떤 사람이 아무리 자기 자신의 힘을 믿는다 해도 자신이 선천적으로 다른 사람보다 우월하게 태어났다고 생각할 만한 아무런 이유가 없다. 상대방에게 똑같은 일을 할 수 있는 사람들은 서로 평등하다.[34]

평등한 인간

세상에는 허약한 사람도 있고 영화 '코난'의 주인공처럼 힘센 용사도 있다.
그러나 홉스는 단순한 본성에서 고려할 때 인간은 서로 간에 평등을 인정해야
한다고 주장했다. 사람들은 모두 공격당하기 쉽다는 점에서는 별 차이가 없으며
가장 약한 사람도 가장 강한 사람을 얼마든지 죽일 수 있기 때문이라는 것이다.
영화 '코난'에서 무적의 용사로 나온 아놀드 슈워제네거.

이 말은 모든 사람들이 어떤 것을 욕구할 때 이를 충족시키기 위해 필요한 것들을 얼마든지 할 수 있는 능력이 있다는 뜻이다. 홉스는 인간이 이처럼 능력에서 평등할 뿐 아니라, 자신의 욕구를 충족시키고 악한 것을 피할 수 있는 권리가 있다고 강조한다.

모든 사람은 자신에게 선한 것을 욕망하고 악한 것은 피한다. 특히 가장 치명적인 자연적 악은 죽음이다. 어떤 지점에서 돌이 굴러 내려오는 것과 마찬가지로 사람은 자연적인 충동에 따라 죽음을 피한다. 그러므로 어떤 사람이 죽음과 슬픔으로부터 자기 신체와 신체의 각 부분을 보존하고 방어하기 위해 모든 노력을 쏟는 것은 어리석은 일이 아니고 비난받을 일도 아니며, 진정한 이성의 명령에 반하는 일도 아니다. 그것은 올바른 이성에 배치되는 게 아니며, 모든 사람이 정당하고도 당연하게 여기는 것이다.[35]

고대 그리스 시대 이래 근대 이전까지 권리와 의무는 인간의 능력과 욕망에서 추론되었다. 물론 이 추론에는 자연의 목적이나 신의 의지 같은 외적인 힘이 개입되었다.

홉스는 이 같은 사상을 거부하면서 운동을 계속하고자 하는 인간의 필요에서 인간의 권리와 의무를 찾아내려 했다. 이에 따라 홉스는 욕망뿐 아니라 권리와 의무에 대해서도 인간은 평등하다고 가정했다.*

권력

홉스는 인간에게는 끊임없는 권력(power) 추구욕이 있다고 말한다. 죽음에 이르러서야 그치는 권력에 대한 끝없는 욕구가 모든 인간의 일반적인 성향이라는 것이다.[36] 홉스가 볼 때 인간은 끊임없이 더 큰 권력을 추구한다. 여기서 말하는 권력은 우리가 흔히 연상하는 정치권력보다 포괄적인 의미로 쓰인다. 권력은 능력이나 힘을 의미하는데, 사회적 맥락에서는 자신이 바라는 일을 다른 사람에게 시킬 수 있는 능력을 가리킨다.

홉스는 권력을 다음과 같이 정의한다.

> 어떤 사람의 권력이란 (보편적으로 볼 때) 미래에 분명히 이익이 될 것으로 보이는 것을 획득하기 위한 현재의 수단이다. 그것은 고유한 것이거나 도구적인 것이다.[37]

홉스에 따르면, 인간은 자기 보존에 대한 욕망 때문에 쾌락을 얻으려 하고 고통을 회피하려고 한다. 쾌락은 생명에 도움 되는 것이 의식에 나타난 것이며, 고통은 죽음에 이르게 하는 것이 정신에 나타난 것이다. 자기 자신을 보존하려는 욕망은 현시점의 쾌락만을 추구하는 데서 그치는 게 아니라 미래의 쾌락을 저장하고 싶게 한다. 그런데 그 방법은 권력 획득에 있다. 권력은 욕망을 만족시

*자세한 내용은 7장 '자연권' 참조.

켜 주는 수단이기 때문이다.

홉스는 또 권력이란 신체적, 정신적 능력 외에도 부, 권위 있는 지위, 우정이나 호의, 행운을 얻을 수 있는 여분의 힘을 의미한다고 말한다.[38] 그리고 권력을 인간의 타고난 자연적 권력과 도구적 권력으로 나누어 설명한다.

> 자연적 권력(natural power)은 뛰어난 힘, 외모, 사려분별, 기예, 웅변, 관대함, 고귀함과 같은 신체적, 정신적 능력의 우월성을 말한다. 도구적 권력(instrumental power)은 이러한 자연적 권력이나 운을 통해 얻어지는 것으로 부, 명성, 친구, 그리고 사람들이 행운이라 말하는 비밀스러운 신의 작용 등과 같은 것을 더 많이 획득하기 위한 수단을 의미한다. 이러한 점에서 권력의 속성은 갈수록 확대되는 명성이나 앞으로 나아갈수록 점점 더 빨라지는 무거운 물체의 운동과 같은 것이다.[39]

여기서 인간의 타고난 권력이 한 인간의 능력 자체가 아니라 능력의 우월성으로 정의된다는 사실에 주목할 필요가 있다. 다시 말해 권력은 한 인간이 개인적인 능력을 발휘해 사물을 지배하는 데서 성립하는 것이 아니라, 한 개인의 능력이 다른 사람의 능력을 얼마나 능가하느냐 하는 능력의 초과분으로 이루어진다.

한 사람의 권력은 다른 사람의 권력의 영향을 저지하거나 방해하기 때문에, 권력은 다만 다른 사람의 권력보다 우월한 권력의 초과분일 뿐이다. 왜냐하면 대립하는 동등한 권력은 상대방의 권력을 서로 상쇄하기 때문이다. 그러한 대립을 투쟁이라 한다.[40]

권력에 대한 이 같은 정의는 자신이 원하는 것을 얻을 수 있는 능력은 다른 모든 사람의 능력과 대립한다는 의미를 내포하고 있다. 이를 선거에 빗대어 살펴보자. 성인이면 누구나 대통령 선거이건 지방자치단체 선거이건 각종 선거에 출마할 수 있다. 하지만 당선이 되려면 주민들의 표를 얻기 위한 경쟁을 벌여야 한다. 그리고 수많은 후보 가운데 가장 많은 표를 얻은 후보가 당선된다. 결국 당선자는 많은 후보들 가운데 표, 곧 지지를 가장 많이 받은 사람이다. 그 표가 후보의 영향력, 말하자면 권력의 척도가 된다. 다른 후보들이 얻은 표를 상쇄하고 남은 표가 있어야 당선이 되는 것이다.

이처럼 권력이란 절대적인 게 아니라 상대적인 것으로 볼 수 있다. 이 때문에 인간 사회에서는 사람들이 다른 사람의 값을 정하는 권력 시장 같은 관계가 형성된다.

인간의 가치(value)나 값어치(worth)는 모든 사물의 경우와 마찬가지로 그의 가격이다. 말하자면 그의 힘을 사용할 때 줄 수 있는 만큼의 가격이다. 그러므로 그것은 절대적인 것이 아니라 타인의 필요와 판단에 따르는 것이다. 유능한 지휘관은 전쟁이 벌어지거나 전쟁이 코앞에

닥쳤을 때는 높은 가격이 매겨지지만 평상시에는 그렇지 않다. 학식이 풍부하고 청렴한 재판관은 평상시에 높은 값어치가 있지만 전시에는 그렇지 않다.[41]

시장에서 물건의 가치가 매겨지듯 사람 역시 가치(가격)가 매겨진다는 뜻이다. 이때 홉스의 말처럼 "다른 사물과 마찬가지로 인간도 파는 사람이 아니라 사는 사람이 그 가격을 결정한다."[42] 인간은 결국 사는 사람과 파는 사람이 흥정을 벌이는 시장이라는 냉정한 환경에서 가치를 평가받는다.*

자연적 이성

홉스는 인간의 본성에는 두 가지 실천 원칙이 있다고 한다. 하나는 다른 모든 사람들이 가지려고 하는 사물을 독점하려는 것이다. 다른 하나는 자연적인 파멸(죽음)을 피하도록 모든 사람들을 가르치는 합리적인 것이다.[43] 곧, '자연적 욕구'와 '자연적 이성'이라는 분명한 전제를 두고 있는 것이다.[44] 자연적 욕구는 감각 기능에 뿌리를 두고 있는 인간의 동물적 본성이다. 그러나 인간이 동물과 다른 점은 이성에 있다. 이성은 현존하는 사물에 대해 감각적으로 반응하게 할 뿐 아니라 현존하지 않는 미래를 상상하게 해 준다. 이 때문에 인간은 한순간의 배고픔뿐 아니라 미래의 배고픔에도 반

---

*이 내용에 대해서는 19장 '시장 사회'에서 더 자세히 다룬다.

응하게 된다.

동물의 왕국에서 가장 힘이 센 사자의 경우를 봐도 며칠을 잠만 자거나 게으름을 부리다가 배가 고파지면 사냥에 나선다. 육식동물 가운데 당장 배고프지 않아도 앞으로 배고파질 때를 대비해사냥하는 동물은 인간밖에 없을 것이다. 인간이 가장 약탈적이며가장 강하고도 위험한 동물인 까닭이 여기에 있다.

그렇지만 홉스는 인간의 자연적인 욕망과 정념은 그 자체로 죄가 아니라고 보았다. 다시 말해 어떤 행동을 금지하는 법률이 있다면 몰라도, 이러한 욕망과 정념에 따른 행위는 그 자체가 죄가 되지는 않는다는 것이다. 홉스는 자연상태에 대해 "공통의 권력이없는 곳에는 불의(不義)도 없다."고 강조했다.[45] 이는 동시대의 그리스도교인들이 인간 본성에 대해 훨씬 더 가혹한 평가를 내렸고인간을 사악한 존재로 간주했던 것과 대비된다.

17세기 사람들은 사회의 간섭을 받지 않는 인간이 선하다고 생각하지 않았다. 거의 모든 신학자들은 인간이 아담의 타락과 더불어 악하게 태어났으며 신의 은총으로만 장점을 획득할 수 있다는데 의견이 일치했다. 이런 점을 고려할 때, 홉스 사상의 특징은 그가 인간의 타고난 이기심을 강조했음 — 도덕주의자들은 수세기동안 이 점을 탄핵하기에 바빴지만 — 에 있는 것이 아니고 인간의본질적인 사악함을 부정했다는 데 있다. 홉스의 저술에는 원죄에관한 언급이 없다.[46]

자연상태란 무엇인가 5

자연상태는 사람들이 두려워할 공통의 권력이 없는 곳에서 인간의 삶이 어떻게 펼쳐질지를 묘사한 개념이다. 따라서 자연상태는 원시 시대의 인간뿐 아니라 오늘날 내전이나 정치 혼란을 겪고 있는 곳에서 얼마든지 찾아볼 수 있다. 좀더 확대해서 말하면 사람들이 재산을 빼앗기거나 다칠지 모른다는 걱정 때문에 밤마다 문을 꼭꼭 걸어잠그는 것에서도 자연상태를 연상할 수 있다. 문명화된 현대 사회에서도 자연상태는 늘 우리와 함께하고 있다가 불쑥 그 모습을 드러내곤 한다.

자연상태론

홉스는 앞에서 살펴본 인간에 대한 인식을 바탕으로 "모든 사람의 모든 사람에 대한 전쟁"이라는 자연상태론을 이끌어 냈다.

사람들은 그들 모두를 위압하는 공통의 권력이 없이 생활하는 동안에는 전쟁이라 부르는 상태에 있다. 이러한 전쟁은 모든 사람의 모든 사람에 대한 전쟁이다. 전쟁은 전투나 투쟁 행위에만 있는 게 아니라 전투를 통해 싸우고자 하는 의사가 충분히 엿보이는 기간을 말하기 때문이다. 따라서 전쟁의 본성에 관해서는 기후의 본성과 마찬가지로 시간의 개념이 고려되어야 한다. 악천후의 본성은 한두 차례의 소나기에 있는 것이 아니라 며칠에 걸쳐 날씨가 그러한 악천후로 향하는 경향에 있는 것이다. 그와 마찬가지로 전쟁의 본성은 실제 전투에 있는 게 아니라, 전투할 의향이 있음이 잘 알려져 있는 것에 있다. 그 기간에는 반대의 방향으로 향하는 어떤 보장도 없는 것이다. 그 밖의 시간은 모두 평화이다.[47]

우리를 보호해 줄 공통의 권력이 존재하지 않는다면 실제 전쟁 상태가 아니라 하더라도 누가 언제 나를 공격해 올지 모른다는 불안감에 늘 사로잡혀 있게 될 것이다. 홉스가 자연상태를 '모든 사람의 모든 사람에 대한 전쟁 상태'로 묘사한 것은 이 때문이다.

홉스가 자연상태론을 발판으로 삼아 정치에 대한 탐색을 시작한 데는 이유가 있다. 기존의 사회관이 상정하고 있던 질서를 부정함으로써 전통적-공동체적인 연계를 단절한 뒤에 자유롭고 평등한 개인으로 이루어지는 새로운 사회 관계를 구상하려는 목적이 있었기 때문이다.

홉스는 아울러 자연상태의 논리를 인간의 평등에서 이끌어 낸다. 그는 "자연이 인간을 신체와 정신의 능력에 있어 평등하게 창조했다"[48]고 밝혔다. 그리고 이를 근거로 삼아, 때로는 다른 사람보다 확실히 육체적으로 강하고 기민한 정신을 가진 사람이 있지만 모든 것을 감안하면 두드러진 차이는 없다고 말했다. 능력의 평등은 희망의 평등을 낳는다. 누구든지 자신이 남보다 못한 게 없다고 여긴다면 무엇을 욕구하는 정도도 남에게 뒤지지 않게 된다는 뜻이다. 이는 같은 것을 욕구하는 사람들 사이에 경쟁을 불러일으킨다.

능력의 평등에서 우리들의 목표 달성에 대한 희망의 평등이 생겨난다. 따라서 만일 어떤 두 사람이 같은 것을 원하지만 그것이 두 사람이 함께 가질 수 없는 것이라면 그들은 적이 된다. 그들은 목표(그것은 주로 자기 보존이지만 때로는 쾌락일 뿐인 경우도 있다)에 이르는 도중에 상대를 죽이거나 굴복시키려고 노력한다. 여기에서 다음과 같은 일이 일어난다. 침입자가 상대방의 힘 외에는 두려운 것이 없는 상황을 가정해 보자. 만일 한 사람이 밭을 갈아 씨를 뿌리고 쾌적한 거처를 짓거나 그것을 차지한 경우 다른 사람들은 힘을 합쳐 그 같은 노동의 결실뿐 아니라 상대의 생명 또는 자유를 빼앗으려고 할 것이다. 그리고 침입자는 다시 자신과 같은 어떤 다른 상대로부터 똑같은 위험에 놓인다.[49]

누구든지 다른 사람이 언제 나를 공격할지 모른다는 불안감이 팽배한 상황에서 살아남으려면 어떻게 해야 할까? 이런 경우에는 자신을 지키기 위해 선수를 치는 것이 가장 적절한 방법이 될 수 있다. 홉스의 말을 들어 보자.

곧, 그것은 힘이나 간계에 의해 자신을 위협할 만한 다른 큰 힘이 없어질 때까지 될 수 있는 대로 모든 사람을 지배하는 것이다.[50]

이와 같은 자연상태에서는 객관적인 도덕 기준이 존재하지 않는다.

그러나 우리들 중 어느 누구도 자연상태에 있는 인간의 본성을 비난하지 않는다. 인간의 욕망과 정념은 그것 자체로 죄가 되지는 않는다. 정념에서 일어나는 행동도 그것을 금지하는 법을 알기 전까지는 죄가 아니다. 법이 만들어지기 전에는 사람들은 그게 죄라는 것을 알 수 없다. 또한 사람들이 법을 만들 사람에 대해 의견이 합치되기 전에는 어떤 법도 만들어질 수 없다.[51]

모든 사람의 모든 사람에 대한 전쟁 상태에서는 어떠한 것도 부당한 것이 될 수 없다는 것은 당연한 일이다. 옳고 그름, 정의와 불의의 개념은 설 자리가 없다. 공통의 권력이 없는 곳에는 법이 없으며 법이 없는 곳에는 불의도 없다. 전쟁에서는 힘과 사기 행위가 가장 중요한 두 가지 미덕이다. (……) 그러한 상태에서는 예의도 지배도, '내 것'과 '네 것'의 구분도 존재하지 않는 것이 당연하다.[52]

결국 자연상태에서는 개개인이 자신의 행동에 대한 재판관이 된다. 그뿐만 아니라 사람들은 사물의 이름과 호칭을 각각 다르게 사용할 수 있다. 이렇듯 사람마다 사물을 보는 기준이 다르고 그 기준을 현실에 적용하는 게 다르기 때문에 사람들은 끝없는 분쟁에 휘말리게 된다.

자연상태의 인간 생활

인간은 자신을 위압하는 힘이 없는 곳에서는 자신에 대한 더 높은 평가를 얻어 내기 위해, 그럼으로써 자신에게 이로운 것을 얻기 위해 할 수 있는 모든 노력을 한다. 그들을 위압하는 공통의 권력이 없는 상황에서 벌어지는 이 같은 노력은 결과적으로 그들 서로를 멸망시킬 가능성이 높다.

홉스는 이처럼 "영속적인 전쟁이 인류나 개개인의 자기 보존과 얼마나 양립할 수 없는 것인지는 쉽게 판단할 수 있다"[53]고 말한다. 또 홉스는 자연상태에서는 한쪽이 승리하더라도 정복자는 수많은 적에게 둘러싸여 더 큰 위험에 드러나기 때문에 영속적인 전쟁이 불가피하다고 보고 있다.

홉스는 분쟁을 낳는 세 가지 요인으로 경쟁, 불신, 명예를 꼽고 있다.

그러므로 인간의 본성에서 우리는 세 가지 주요한 분쟁의 원인을 발견한다. 첫째는 경쟁이고, 둘째는 불신이며, 셋째는 명예이다. 경쟁은 인간이 이익을 위해, 불신은 안전을 위해, 명예는 명성을 얻기 위해 상대를 침략하도록 만든다. 경쟁은 자신을 다른 사람의 인격과 처자식과 그가 가진 가축의 지배자로 만들기 위해 폭력을 쓰게 한다. 불신은 스스로 방어하기 위해 폭력을 사용하게 한다. 명예는 한 마디 말, 한 번의 웃음, 다른 의견 같은 사소한 일이나, 직접 그에 관한 것 또는 간접적으로 그의 친척, 친구, 종족, 직업, 이름 따위를 과소평가한 징후 때문에 폭력을 쓰게 한다.[54]

유치원에 다니는 아이들조차 선생님한테 사탕이나 스티커 같은 상을 받으려고 경쟁한다. 사탕과 스티커는 어떻게 보면 아무것도 아니지만 아이들은 자신이 다른 아이들보다 더 잘했다는 것을 확인받고 싶기 때문에 경쟁을 벌인다. 인간은 모두 명예나 존경 또는 좋은 평판을 얻기 원하고, 결국 이것은 분쟁의 원인이 된다.

또 사람들은 원하는 것을 모두 가질 수는 없지만 그렇다고 부족한 것을 나눠 가지려 하지도 않는다. 부족한 것을 차지하려고 서로 경쟁을 하고 경쟁 상대를 믿지 못하는 상황이 된다. 내가 다른 사람을 어떻게 생각하는지를 보면 다른 사람이 나를 어떻게 보는지도 알게 된다. 이런 불신도 분쟁의 원인이다. 사람들이 물건이든 다른 사람의 평가든 간에 뭐든지 원하는 것을 갖지 못하는 한 분쟁이 사라지지는 않을 것이다.

자연상태의 인간 생활을 홉스는 다음과 같이 묘사한다. 『리바이어던』 내용 가운데 가장 많이 알려져 있는 대목이다.

그런 상황에서는 성과가 불확실하므로 일할 필요가 없다. 따라서 토지는 경작되지 않고, 아무도 항해에 나서지 않으며, 해상으로 수입되는 상품도 없고 사용할 수도 없다. 넓고 편리한 건물도 없으며 큰 힘을 필요로 하는 물건들을 움직이고 이동시키는 도구도 없다. 지구 표면에 대한 지식도 없으며 시간의 계산도 없다. 예술도 학문도 사회도 없다. 특히 최악의 것은 난폭한 죽음을 당할지도 모른다는 데 대한 끊임없는 공포와 위험이다. 따라서 인간의 삶은 고독하고 빈곤하며 더럽고 잔인하고 짧다.[55]

자연상태를 인간이 야만적으로 다른 사람과 전쟁하는 상황으로 묘사한 것은 홉스 사상의 독창적인 부분 중 하나이다. 자연상태에서는 누구나 다른 사람의 공격에 대해 자신을 방어할 권리가 있고, 모든 개인은 자신의 목적을 추구하는 데 이성을 자유롭게 사용할 수 있다. 모든 개인은 무엇이 자신에게 이익인지를 최종적으로 판단할 수 있다. 이는 앞에서 보았듯이 인간관계의 극단적인 혼란을 불러일으킬 뿐이다.

홉스는 이러한 상황에서도 자기 이익에 관한 지속적인 관심이 단순히 끝없는 투쟁으로 이끌리지만은 않는다는 것을 보여 주려 했다. 그리고 이를 입증하기 위해 자연상태, 자연권, 자연법, 사회계약이라는 네 가지 상호 연관된 개념을 도입해 '사고의 실험'을 한다. 여기에 대해서 차례차례 설명해 나갈 것이다.

자연상태와 문명 6

자연상태는 논리적 가설

자연상태는 법이나 계약을 강제하는 어떠한 권위도 존재하지 않을 때 현재 있는 그대로의 인간이 필연적으로 취하게 되는 행동 양식을 묘사한 것이다. 곧 적절한 정치 조직이 없을 때 인간이 놓이게 되는 상황을 뜻한다. 그런데 홉스는 자연상태를 역사에서 이끌어 내지 않고 인간의 정념에서 추론해 냈다. 자연상태는 논리적 가설이지 역사적 사실에 근거를 둔 것이 아니다.

홉스가 자연상태라는 가설을 제시한 이유는 올바른 정치 질서를 형성하기 위해 먼저 인간의 본성이 무엇인지를 뚜렷하게 밝힐 필요가 있기 때문이었다. 따라서 홉스에게는 자연상태가 역사적 사실인지 아닌지는 중요한 게 아니었다. 홉스 자신도 자연상태가 인간 사회에 보편적으로 존재한 적이 없었다는 점을 인정한다.

아마도 이 같은 전쟁의 시대나 전쟁 상태가 결코 존재하지 않았다고 생각될지 모른다. 그리고 나는 전세계에 걸쳐 일반적으로 그랬다는 것이 아니다.[56]

또한 브램홀 주교와 벌인 논쟁에서는 다음과 같이 말했다.

인류가 창조된 이래 사회가 전혀 존재하지 않은 상태에 있은 적이 없
었다는 것은 사실인 것 같다. 만일 인류의 일부가 법과 통치가 없는 상
태에 있었다 할지라도 다른 일부는 국가 안에 있었을 것이다.[57)]

홉스가 원시인이 아닌 문명인으로부터 자연상태를 이끌어 냈
다는 해석도 가능하다. 홉스 사상에서 자연상태는 주권 국가 설립
에 논리적으로 앞서는 조건이고, 홉스가 자신의 인간관에 근거해
자연상태를 추론해 냈기 때문이다. 이 경우 홉스는 오로지 살아남
는 것만이 아니라 더 잘살려는, 더 안락하게 살려는 문명화된 인간
의 욕망에서 자연상태를 이끌어 낸 셈이다.

자연상태와 국제 사회

먼저 눈을 국가 밖으로 돌려 보자. 서로 분쟁하고 있는 국가 사이
에서는 자연상태가 더 분명하게 드러난다. 홉스는 이에 대해 다음
과 같이 밝혔다.

그러나 인간 개개인이 서로 간에 전쟁 상태에 있던 시대가 없었다고
하더라도, 모든 시대에 왕들과 주권적 권위를 지닌 사람들은 그들의
독립성 때문에 끊임없는 질투에 사로잡히고, 검투사들이 하는 것처럼
서로 무기를 겨누며 눈을 떼지 않고 있다. 그들이 국경에 둔 요새, 수

비대, 총포, 그리고 끊임없이 인접국에 보내는 스파이가 그렇다. 이것은 전쟁 태세이다. 그러나 그렇게 함으로써 그들 신민(臣民)의 산업을 유지하기 때문에 개개인의 자유에 수반되는 비참함은 발생하지 않는다.[58]

이 같은 묘사는 제2차 세계대전 이후 20세기 후반부 국제 질서의 틀로 작용했던 미국과 소련의 냉전을 떠올리게 한다. 미국과 소련은 미사일이나 총기를 상대방에게 거의 사용하지 않았지만 사실상 전쟁 상태와 비슷한 상황을 연출했다. 두 나라는 상대방을 공격하거나 상대방의 공격에 대응할 의사를 지녔고, 상대방도 자신과 같은 생각을 하고 있다고 믿었기 때문이다.

21세기 들어 미국이 주도하는 대(對) 테러 전쟁은 더 극명한 예가 될 수 있다. 미국은 2003년 선제공격 독트린을 발표했다. 그리고 이라크가 미국에 위협이 되는 대량 살상 무기(WMD)를 개발하고 있을 것이라는 의혹을 내세우며 이라크를 침공해 사담 후세인 정권을 붕괴시켰다. 미국이 이라크를 침공한 배경에는 원유 공급망 확보 같은 복잡한 계산이 깔려 있었을 것으로 보인다. 그 후 미국은 이라크의 대량 살상 무기 개발 증거를 찾지 못해 난처한 입장에 놓였다. 미국은 후세인 정권에 대한 불신만으로 이라크 전쟁을 일으킨 것이다.

모든 나라는 군대를 보유한다. 군대는 국가 방위를 위해 존재하지만, 여차하면 다른 나라를 공격할 준비도 되어 있다. 어느 나라도 이웃한 국가들을 늘 호의로 대하진 않는다. 어떤 나라는 다른 나라를 효과적으로 선제공격할 수 있는 첨단 무기를 보유하고서 선제공격에 나설 수도 있다는 의사를 드러내 놓고 밝히기도 한다.

선제공격 독트린은 상대국이 공격할 의사가 있다는 게 분명할 경우 공격을 기다리기만 할 게 아니라 방어를 위해 선제공격을 할 수 있다는 논리이다. 하지만 선제공격이 실제로 공격적인 것인지 방어적인 것인지를 구분할 수 있을까? 어떤 나라라도 다른 나라의 침공 가능성이 있다는 의심이 들면 서둘러 무장하고 물리칠 준비를 한다. 갈등이 높아져 전쟁이 닥쳐왔다고 판단될 경우 어떤 나라든지 선제공격 가능성을 검토할 수 있다. 이런 상황에서 어느 나라가 공격적이고 어느 나라가 방어적이었는지를 판단하는 것은 불가능하다. 결국 오늘날 국제 사회는 자연상태에서 완전히 벗어나지 못한 상황이다.

자연상태의 모델

역사적으로 일부 원시 사회만이 자연상태에 있다는 사실을 인정하면서도 홉스는 자신이 살던 시대에 여전히 존재하는 자연상태에 관심을 기울였다. 홉스가 모든 사람의 모든 사람에 대한 전쟁으로 묘사한 자연상태는 영국을 분열시킨 내전을 염두에 둔 것으로 보인다. 홉스는 내전을 모든 악 가운데 가장 나쁜 것이라고 말하곤 했는데, 그때마다 내전을 자연상태로 규정했다.

홉스는 현실 정치에서 내전이라는 정치적 진공 상태를 경험한 뒤 자연상태, 곧 '정치적 무(無)'의 상태를 가정하게 된다. 17세기 당시 영국의 정치 혼란이 자연스럽게 자연상태라는 개념을 이끌어 내도록 한 것이다. 다시 말해 오늘날에 와서 자연상태라는 개념은 가공적인 의미가 큰 것으로 보이지만, 그 시대 사람들에게는 더욱 생생하고 현실적인 의미로 와 닿았을 것으로 짐작된다. 이와 관련해 홉스는 다음과 같이 말한다.

> 두려워해야 할 공통의 권력이 없는 곳에서 어떤 생활 방식이 이루어질지는, 이전에 평화로운 통치 아래 살던 사람이 내전이 벌어졌을 때 빠져드는 생활 방식에서 찾아볼 수 있을 것이다.[59]

영국의 내전과 함께 홉스가 자연상태의 모델로 삼은 곳은 당시 식민지 개척이 시작된 아메리카 대륙이다. 홉스는 아메리카 대륙을 자연상태의 예로 들고 있다.

> 아메리카 각지의 야만인들은 대규모 가족 단위 통치나 자연적인 욕망에 따른 화합 외에는 전혀 통치라는 게 없고 잔인한 방식으로 하루하루를 살아가고 있다.[60]

현재 아메리카에 있는 사람들이나 지난 시대의 다른 나라들이 그 예가 될 수 있다. 다른 나라들의 경우 지금은 문명화되고 번영하고 있지만 옛날에 사람들은 소수였고 사나웠으며 단명했고 가난하고 불결했으며

생활의 즐거움과 아름다움이 없고, 평화으 사회가 존재하지 않았다.[61]

홉스가 살던 시대는 식민지 개척 초기여서 아메리칸 인디언에 대한 편견이 작용한 것으로 보이기도 하는 부분이다. 이를 감안하고 살펴보면 그가 무엇을 이야기하려는지 충분히 이해할 수 있다. 홉스는 아메리칸 인디언을 예로 들었지만, 우리는 19세기 미국 서부 개척 시대를 자연상태와 비슷한 예로 꼽을 수 있다. 개척 시대 미국 서부에서는 제도에 의한 법질서가 채 자리잡지 않았고 총잡이들이 날뛰었다. 할리우드 영화의 한 장르인 서부 영화는 이런 상황을 배경으로 한다. 잔인무도한 총잡이들이 마을을 지배하면서 주민들을 공포에 떨게 할 때 정의로운 총잡이가 나타나 주민들의 성원을 받으며 악당들을 처단하고 마을에 평화를 가져다 준다는 것은 서부 영화의 흔한 줄거리이다. 실제로 서부 개척 시대에는 "신이 인간을 만들었고 총이 인간을 평등하게 만들었다."는 말이 유행하기도 했다.

자연상태와 현대 사회

홉스가 『리바이어던』에서 자연상태를 묘사한 부분을 보면 오늘날에도 흔히 목격할 수 있는 장면이 나온다.

이러한 일들을 충분히 고려해 보지 않은 사람에게는 자연이 이처럼 인간을 서로 분리시키고 서로를 침범해 멸망하도록 만든다는 것이 이상하게 들릴지도 모른다. 그러므로 그는 인간의 정념으로부터 이렇게 추론해 낸 것을 믿지 않으면서 이러한 일이 경험으로 확인되길 바랄지도 모른다. 따라서 그가 자신을 되돌아보게 하자. 그는 여행할 때는 스스로 무장하고 많은 동료들과 함께 가려고 하며, 잠자러 갈 때는 문을 잠그고 심지어 자신이 집 안에 있을 때도 금고를 잠글 것이다. 자신에게 가해지는 모든 침해를 응징할 법과 무장한 관리가 있다는 사실을 알면서도 그렇게 행동하는 것이다. 그가 무장한 채 말을 탈 때는 자신의 신민들에 대해, 그가 문을 잠글 때는 동료 시민들에 대해, 그리고 금고를 잠글 때는 자기 자식과 하인들에 대해 그가 어떤 생각을 하고 있는지를 알 수 있다.[62]

사람들은 비록 자연상태에 있지 않다 할지라도 자연상태에 대비하고 있다. 오늘날에도 이와 마찬가지이다. 으슥한 골목길을 걸을 때 주위를 경계하며 호신용으로 쓸 만한 것을 찾게 되는 것은 매우 자연스러운 일로 생각된다. 인간들 사이에 상호 불신이 가득 찬 자연상태는 오늘날에도 완전히 사라지지 않았다.

자연상태에 놓인 인간의 행위, 곧 정념에 이끌린 인간의 본능적 행위는 불완전한 주권 국가 안에서 살면서 내전 상태에 있는 자신들을 발견하는 문명인의 행위에서도 찾아볼 수 있다. 따라서 홉스는 단순히 생존하고자 하는 것뿐 아니라 더 잘살고 더 편리하게 살고자 하는 문명화된 인간의 욕망에서 자연상태를 연역했다고 해석할 수 있다.

인간이 평화를 지향하게 만드는 정념은 죽음에 대한 공포이며, 또한 쾌적한 삶에 필요한 재화를 가지려는 욕망이며, 아울러 산업을 통해 재화를 얻고자 하는 희망이다.[63]

더욱이 홉스가 분쟁의 세 가지 원인으로 꼽고 있는 '경쟁, 불신, 명예'는 자연상태의 인간이 아니라 문명사회의 인간이 지닌 자연적 성향이다. 또 홉스가 자연상태에서 결핍되어 있다고 지적한 것은 개인의 안전과 재산, 산업, 상업, 과학, 예술, 학문 같은 문명화된 삶의 재화들이다. 홉스는 자연상태를 가정함으로써 주권 국가가 설립되었을 때 인간이 누리게 되는 혜택을 두드러지게 드러내 보이려 한 것이다. 이로써 홉스가 『리바이어던』을 쓴 목적이 무엇인지 분명해진다. 불완전한 주권 국가에 사는 사람들이 어떻게 해야 개인의 안전을 확보할 수 있을까? 홉스는 이 같은 상황에서 사람들이 주권자에 대한 의무를 인정해야만 완전한 주권 국가를 만들 수 있고, 완전한 주권 국가여야 개인이 안전을 확보할 수 있을 뿐 아니라 문명 생활을 할 수 있다고 주장한다.

자연권을 재해석하다

7

근대와 현대의 인권 선언에 빠지지 않고 등장하는 말이 자유와 평등 같은 '자연권'적 권리이다. 1689년 영국의 권리장전, 1776년 미국의 독립선언, 1789년 프랑스 혁명 당시의 인권선언 등에 자연권이 언급되어 있다.

자연권이라는 개념은, 국가가 개인에게 봉사하기 위해 존재한다는 주장의 근거로 제기되었다. 미국 독립선언에는 "모든 인간은 평등하게 창조되었으며, 생명권과 자유와 행복을 추구할 권리를 포함해 어느 누구도 침범할 수 없는 권리를 신에게 부여받았다. 이러한 권리를 지키기 위해 정부가 조직되었으며, 모든 정부의 정당한 권력은 통치받는 사람들의 동의에서 생겨났다."라는 문구가 들어 있다.

홉스의 정치 사상을 비롯한 근대의 자연권 사상은 근대 시민혁명의 사상적 기초가 되었다. 오늘날 자연권이라는 말은 이제 일상생활에서는 거의 사용되지 않지만 현대 민주주의 사회의 중요한 원칙으로 남아 있다.

자연권의 의미

자연권의 사전적 의미는 개인의 자질이나 신분의 차이에 관계 없이 인간이면 누구나 누릴 수 있는 타고난 권리이다. 모든 사람은 자유롭고 평등하게 태어났으며, 누구에게도 양도할 수 없는 권리를 지니고 있다는 뜻이다.

먼저 자연이라는 말을 되새겨 보자. 극어사전을 보면 자연(自然)은 '천연 그대로의 상태', '사람의 힘으로는 어찌할 수 없는 상태', '본성 또는 천성'을 의미한다. '인위 또는 인공'과 반대되는 말이다. 영한사전을 보면 nature는 '자연'뿐 아니라 '문명의 영향을 받지 않은 인간 본래의 모습', '본성' 등을 뜻한다. 흔히 'right of nature'를 '자연권'이라는 쉽게 와 닿지 않는 말로 번역하지만, 이 말은 태어나면서부터 갖고 있는 권리를 뜻한다. 자연권은 인간이 만든 법에 의존하는 게 아니며, 국가나 다른 조직체가 인정하는지 않는지에 상관 없이 존재하는 권리이다.

자연법(law of nature)도 이와 비슷하다. 자연법은 인간이 만든 법이 아니라 인간의 이성을 통해 인식될 수 있는 정의의 원리나 규칙을 말한다.

결국 자연권과 자연법이란 낱말에 들어 있는 '자연'에는 도덕적 권리나 원리를 인위적인, 곧 사람이 만들어 낸 권리나 법률과 대비하려는 의도가 담겨 있다. 앞장에서 살펴본 자연상태도 인위적으로 형성되는 국가와 견주기 위해 홉스가 논리적으로 설정한 개념이다.

자유

홉스는 자연권을 자유와 동일시했다. 또 권리와 법, 그리고 자유와 의무를 서로 상반되는 것으로 파악했다. 결국 자연권은 의무에서 벗어난 자유를 의미하며, 의무는 자유 또는 권리의 제한을 의미하게 된다.

자연권이란 모든 사람이 자신의 본성, 곧 자신의 생명을 보존하기 위해 원하는 대로 자신의 힘을 사용할 자유이다. 그리고 그에 따라 자신의 판단과 이성 안에서 가장 적합한 수단이라고 생각하는 것을 행할 자유이다.[64]

여기서 말하는 자유란 '외부의 장애가 없는 것'을 의미한다. 홉스는 외부의 장애에 대해 다음과 같이 말한다.

그와 같은 장애는 때로 원하는 것을 하고자 하는 사람의 힘을 일부 앗아 갈 수도 있다. 그래도 그 사람이 자신의 판단과 이성의 지시에 따라 남은 힘을 사용하는 것을 막을 수는 없다.[65]

홉스는 자유를 의지의 자유가 아닌 행위의 자유로 파악했다. 자유는 의지가 아니라 어떤 행위자가 자신이 뜻하는 것을 할 수 있는 능력이나 힘이라는 것이다.[66] 홉스는 또 권리와 법, 자유와 의무를 다음과 같이 비교하고 있다.

이 문제에 관해 말하는 사람들이 권리와 법을 혼동해 사용할지라도 이 두 가지는 구분되어야 한다. 왜냐하면 권리는 행하거나 삼가는 자유에 있는 데 반해, 법은 그것들 가운데 어느 하나를 정해서 구속하는 것이기 때문이다. 따라서 법과 권리는 마치 의무와 자유처럼 서로 다른 것이며, 법과 권리는 동일한 일에 관해서는 도순된다.[67)

권리의 재해석

이렇게 홉스가 정의한 바에 따르면 인간의 타고난 권리, 곧 자연권에는 법과 의무가 없다고 할 수 있다. 홉스가 자연상태를 묘사한 부분을 보자.

> 그리고 인간의 상태는 (앞에서 밝혀진 것과 같이) 모든 사람의 모든 사람에 대한 전쟁 상태이기 때문에 이런 경우 모든 사람은 자신의 이성에 의해 지배된다. (……) 이 같은 상태에서는 모든 사람은 모든 것, 심지어 다른 사람의 신체에 대해서도 권리를 갖는다. 그렇기 때문에 모든 사람의 모든 것에 대한 자연권이 존속하는 한 어떤 사람도(그가 아무리 강하고 현명하다 하더라도) 자연이 일반적으로 인간에게 허용한 시간만큼 살 것이라는 보장이 없다.[68)

자연상태에서는 외부의 장애가 없기 때문에, 다시 말해 자유롭기 때문에 법적, 도덕적인 제약이나 의무가 존재하지 않는다. 자연상태에서 사람들은 자신에 대한 위협을 막기 위해 남을 죽이거나,

식량을 확보하기 위해 남의 것을 빼앗는 것과 같이 무슨 일이건 할 수 있다.

그러나 이러한 자유는 평등한 개인들이 서로의 자유를 침해하는 결과만을 낳는다. 나아가 누구도 제 수명대로 살 수 있을 것으로 기대하기 어렵다.

자연상태에서 살아남기 위해 자연권을 행사하는 것은 전적으로 자신이 놓인 상황을 어떻게 평가하느냐에 달려 있다. 자연상태에서 사람은 다른 사람이 실제로는 평화를 추구하는 사람이라 하더라도 위험한 인물이라고 판단할 수 있으며, 이 경우 그를 공격한다 해도 이 행위는 정당화될 수 있다. 따라서 인간은 극심한 불안정 상태에 빠지게 된다. 언제 누가 자신을 공격할지 모르는 상황이 지속되기 때문이다.

그러면 자연상태에서 벗어나 국가를 수립한 후의 자유는 어떤 것일까?

자유란 자연법에 비추어 합법적인 것이라면 누가 무엇을 하건 간에 불필요하게 금지되지 않는 것을 의미한다. 이를테면 국가의 이익을 위해 필요한 것 외에는 타고난 자유에 아무런 제약이 없으며, 선의를 가진 사람이 스스로 깨닫지 못한 채 함정에 빠지는 것처럼 법의 위험에 빠지지 않는 것을 말한다. 이러한 자유에는 또 이곳 저곳으로 편리하게 이동할 수 있는 자유와 필요한 것을 운반하는 방법의 어려움이나 운송 수단의 부족으로 투옥되거나 구금되지 않는 것도 포함된다.[69]

자유에 대한 이런 설명을 보면 홉스가 권리를 매우 적극적인 의미로 이해하고 있음을 잘 알 수 있다. 그는 권리와 법 사이의 뚜렷한 구별을 인식하고, 법은 인간 행위에 대한 계율 또는 규칙인 데 반해 권리는 어떤 것을 하거나 하지 않을 자유라고 정의했다. 특히 권리를 "자신의 자연적인 힘과 능력을 행사하는 데 대해 책임을 추궁당하지 않는 자유"라고 보았으며, "따라서 자연권은 모든 사람이 자신의 모든 힘을 사용해 생명과 육체를 보존하는 것을 말한다."[70]고 강조했다.

개인의 권리

고대 그리스의 플라톤 이후 권리와 의무는 언제나 인간의 능력과 욕망에서 추론되었다. 그러나 실제로 그 추론은 간접적인 방식으로 이루어져 왔다. 인간의 능력과 욕망에서 자연의 목적이나 신의 의지를 읽고 거기에서 다시 인간의 의무와 권리를 추론한 것이었다. 다시 말해 인간의 능력과 욕망은 자연의 목적이나 신의 의지의 결과로 간주되었다.

홉스는 이 같은 가정을 뒤집고 인간의 권리와 의무를 외적인 힘이 아니라 운동을 계속하고자 하는 인간이라는 '기계'(mechanism)의 필요 자체에서 찾아냈다. 홉스는 인간을 일종의 기계로 보았고, 그래서 다른 물체와 마찬가지로 운동을 계속하려는 속성이 있다고 보았다. 앞서 방법론과 관련해 홉스가 궁극적인 물체는 '운동하고 있는 물체'라고 말했다는 것을 상기해 보면 쉽게 이해가 될 것이다.

홉스는 이에 따라 인간의 외부나 천상(신)에서 어떤 가치 체계가 주어지는 것으로부터 벗어날 수 있었다. 그리하여 모든 인간의 욕망, 권리, 의무는 평등하다고 가정하고, 지속적인 운동을 위한 평등한 욕구를 권리의 근원으로 받아들일 수 있었다. 사실에 추상적이거나 관념적인 어떤 것을 부여하지 않은 채 사실 자체에서 곧바로 권리와 의무를 이끌어 낸 것은 매우 획기적인 것이었다.

홉스는 물체에 외부의 힘이 계속 공급되지 않아도 지속적인 운동을 할 수 있다는 가정을 받아들임으로써, 인간 세상 밖에서 인간에게 강제되는 종교적 목적이나 도덕적 목적을 제거할 수 있었다. 그뿐만 아니라 홉스는 이를 통해 평등한 인간의 능력과 욕구에 권리와 의무가 내포되어 있다고 가정할 수 있었다.

그러면 홉스가 자연권이라는 개념을 내세워 개인의 권리를 강조한 이유는 무엇일까? 근대 이전의 정치 철학은 '법'을 출발점으로 하는 반면 근대 정치 철학은 '권리'를 출발점으로 삼는다. 홉스는 이 점에서 근대 정치 철학의 선구자라 할 수 있다. 왜냐하면 그가 현실과 동떨어진 신법(神法)에 매달린 게 아니라 자연권, 곧 개인의 정당한 요구를 정치 철학의 밑바탕으로 삼았기 때문이다.

만일 인간 세계의 질서가 초인간적인 질서에 의지하지 않고 오직 인간의 의지에서 나온다면 거기에는 질서에 대한 철학적, 신학적 보호 장치가 존재하지 않게 된다.[71] 이제 인간의 질서는 인간이 통제할 수 없는 다른 존재의 의지가 아니라 인간의 의지에 달린 것이며, 인간은 스스로 움직여 세계의 질서를 세울 능력이 있는 존재가 된다. 다시 말해 인간은 모순에 가득 찬 불합리한 세상에서 벗어나 자신의 힘으로 더 나은 세상을 만들어 나가는 존재가 된다. 여기서 올바른 정치 질서에 대해 합의를 이끌어 내는 일이 바로 정치라는 결론이 나온다.

홉스가 파악한 인간의 자기 인식은 "인간이 우주 속에서 차지하는 위치에 대한 지식이 아니라, 다른 개인들과의 관계 속에 있는, 그리고 다른 개인들과 얼굴을 맞대고 지내는 자신을 발견하게 되는 상황에 놓여 있는 개인으로서의 자신에 대한 올바른 지식"[72]이다.

중세 그리스도교의 견해에 따르면, 신이나 신의 본성이 권리와 의무, 정의의 규칙을 제시한다. 홉스는 이 같은 견해를 거부하고 인간이 스스로 자신들의 법칙과 규칙, 권리와 의무를 만들어 내야 한다는 결론을 내렸다. 사상사적으로 보자면 홉스에 의해 비로소 중세에서 벗어나 근대에 들어서게 된 셈이다.

자연법과 이성 8

자연법은 모든 사람에게 보편적으로 적용되는 법 개념으로, 인간이 만들어 낸 실정법(實定法)[*]보다 상위의 개념으로 간주된다.

중세 시대에는 자연권이 신의 의지에 의해 인간에게 주어진 권리이고, 자연법은 신의 의도를 이해할 수 있는 인간의 본성적 능력을 나타내는 것이었다. 그러나 홉스 사상에 이르면, 자연권은 자연 상태에서 인간이 갖는 권리이며, 자연법은 이성에 의해 발견되는 일반 법칙을 뜻한다.

이성의 명령

홉스는 자연상태를 막기 위해서는 인간은 자연법에 따라야 한다고 강조했다. 홉스가 내린 자연법의 정의는 다음과 같다.

자연법이란 이성에 의해 발견된 계율 또는 일반 법칙이다. 자연법은

---

*자연법에 대립되는 개념으로 경험적 사실에 기반을 두고 성립된 법을 말한다. 오늘날 일반적으로 법이라고 할 때는 이러한 실정법을 말한다. 실정법은 시대와 국가에 따라 변하게 마련이다. 반면, 자연법은 시공을 초월해 영구적으로 타당성을 지니는 이상적인 법 개념이다.

인간이 자신의 생명을 파괴하거나 생명 보존의 수단을 포기하는 일을 금지한다. 또한 자연법은 인간이 자신의 생명을 가장 잘 보존할 수 있으리라 생각되는 일을 소홀히 하는 것을 금지한다.[73]

홉스는 자연법을 인간의 이성에서 찾고 있다.

진정한 이성은 법칙이라고 할 수 있다. 그것은 지성의 다른 어떤 능력이나 영향이 아니라 인간 본성의 일부이기 때문에 자연적이라고도 할 수 있다. 따라서 내가 정의한 자연법은 우리에게 주어진 생명과 신체의 보존을 위해 행하거나 행하지 말아야 할 것들과 관련된 올바른 이성의 명령이다.[74]

자연법은 이성의 명령이며 인간은 여기에 따라 자신의 생명을 보전하고자 한다. 인간은 자연상태에 놓였을 때 모두가 위험을 느끼지만 정작 무엇이 위험한가에 대해서는 정확한 판단을 할 수 없으며, 사람마다 그 견해가 달라질 수밖에 없다. 위험에 대한 판단이 사람마다 다르다면 그 때문에 혼란이 가중되며 분쟁이 발생하게 된다. 그러므로 이때 인간은 사적인 판단을 포기하고 '공통의 권력'이 내리는 판단을 받아들여야 한다.

홉스에 따르면, 인간은 자연법이 이와 같은 의무를 부여한다는 것을 성찰, 곧 이성을 통해 알게 된다. 자연상태에 있는 사람들은 누가 가르쳐 주지 않더라도 스스로 곰곰이 다져 보아 자신이 놓인 위험에서 벗어나기 위해 공통의 권력이 필요하다는 것을 알게 되고, 공통의 권력을 세우는 것이 자연법에 따른 의무라는 점을 깨닫게 된다는 것이다. 여기에서 홉스가 자연법의 근거를 그 이전 시대와 달리, 신이 아니라 인간의 이성에 두고 있음을 알 수 있다.

자신을 지키기 위해 권리를 포기하라

홉스는 『리바이어던』에서 자연법을 크게 세 가지로 나누어 말하고 있다. 제1 자연법은 가장 기본적인 것으로 "평화를 추구하고 그것을 따르라."이다. 제2 자연법은 "될 수 있는 대로 모든 수단을 동원해 자신을 방어하라."이다. 역설적으로 이것은 "인간은 평화와 자신의 방어를 위해 필요하다고 생각되는 한, 다른 사람도 그렇게 한다면, 모든 것에 대한 권리를 포기해야 한다. 그리고 그가 다른 사람에게 허락한 만큼의 자유를 다른 사람에 대해 갖는 것으로 만족해야 한다."[75]는 뜻이 된다. 다시 말해 인간이 평화와 자기 방어를 위해 권리를 일정 부분 포기해야 한다면 그렇게 하는 게 이성적이라는 뜻이다.

왜냐하면 개개인이 자신이 원하는 대로 모든 것을 행할 수 있는 권리를 보존하고 있는 한 모든 사람은 전쟁 상태에 있기 때문이다. 그러나 만약 다른 사람이 그가 하려는 것처럼 그 권리를 포기하지 않는다면 누구도 자기의 권리를 버려야 할 이유가 없다. 그것은 자신을 평화로 향하게 하기보다는 오히려 자신을 먹이로 내던지는 것(어느 누구도 그

렇게 할 의무는 없다)이 되기 때문이다.[76]

아울러 권리 포기의 의미를 다음과 같이 설명한다.

어떤 사람이 어떤 것에 대한 권리를 포기한다는 것은, 다른 사람이 그것에 대한 권리를 누리는 것을 방해하는 자유를 포기하는 것이다. 자신의 권리를 포기하거나 양도하는 사람은 다른 사람이 전에 가지지 않았던 권리를 그에게 주는 것이 아니다. 왜냐하면 모든 사람은 세상에 태어나면서부터 어떠한 것에 대해서도 권리를 가지고 있기 때문이다. 그는 다만 자신의 길에서 비켜나 다른 사람이 방해받지 않고 자신이 본래 가지고 있는 권리를 누릴 수 있도록 하는 것뿐이다.[77]

제1 자연법과 제2 자연법에 따라 인간은 자연권을 공동으로 제삼자에게 양도하는 계약을 체결해야 한다. 평화를 추구하고 자신을 방어하기 위한 장치가 필요하기 때문이다. 여기서 제3 자연법이 나오는데 그것은 "인간은 그들이 체결한 신약(信約, covenant)을 이행해야 한다."는 것이다.

여기서 신약은 '사회계약'을 의미한다. 사회계약이 없이 자연권만 존재한다면 인간은 자연상태에서 벗어날 수 없다.

새로운 자연법 개념

자연법은 중세의 철학 전통에서 중요한 위치를 차지한다. 중세의 철학 전통에 따르면, 자연법은 인간의 행위에 대해 신이 정한 도덕 법칙이다. 인간은 자유 의지를 지녔기 때문에 신의 법칙을 따를지 말지를 선택할 수 있으며, 자연법은 어떻게 우리가 행동해야 하는지를 가르쳐 준다는 것이다. 이 자연법 이론에 따르면 한 사람이 다른 사람에 대한 의무가 있다면 그는 다른 사람들에 대한 권리도 있다고 간주된다. 따라서 중세의 철학 전통에서는 의무의 체계를 권리의 체계와 명확히 구분하지 않았을 뿐 아니라 이 둘을 동일시 했다고도 볼 수 있다.

단어 사용에서도 이런 흔적을 찾아볼 수 있다. 라틴어에서 권리를 의미하는 'Jus'는 법률 용어로는 법률 체계 전체를 뜻하기도 한다. 이 같은 중세의 전통에 따라 오늘날에도 프랑스어의 'Le Droit', 독일어의 'Das Recht'는 권리와 법을 아울러 뜻한다.

하지만 홉스는 자연법이 인간의 이성적인 통찰로 얻어진다고 본다. 여기서 홉스가 말한 이성은 다분히 도구적인 의미를 지닌다. 이를테면, 그것은 목적과 수단의 상호 연결 관계를 파악할 수 있는 능력이나 일반적인 개념의 연결을 계산하는 능력을 말한다.

홉스는 기존의 자연법 개념을 유지했지만 인간의 완전성에 관한 전통적인 이념과는 완전히 달랐다. 아리스토텔레스가 자연법을 영혼의 탁월성과 완전성이라는 궁극적 가치에 관한 것으로 본데 반해, 홉스는 자기 보존을 위한 평화의 규칙으로 인식했다. 자연권과 자연법에 관한 홉스의 이론은 전통적인 사고에서 벗어난 새로운 시도인 것이다.

근대 자연법 사상의 특징은 인간의 질서를 우주적 질서나 신의 이성이 아니라 인간 자신의 속성, 곧 인간의 이성에서 근거를 찾는다는 데 있다. 이 같은 새로운 인식은 어느 곳에서나 적용되는 보편적 질서를 중시하는 중세적 사고방식과 작별했음을 의미한다. 이에 따라 사회와 인간의 삶은 미리 주어진 자연적 질서에서 떼어 낼 수 있는 독자적인 영역이 되었다. 자연법은 우주 질서의 일부인 정적인 원리를 의미하는 것이 아니라, 인간의 독자적이고 동적인 원리를 의미하게 되었다.

따라서 전체가 아닌 부분이 우위를 차지하고, 법에 대해 권리가 우위를 차지하고, 신의 뜻이나 선(善)이 아닌 인간의 삶 자체가 우위를 차지한다는 설명을 할 수 있게 되었다. 특히 근대 자연과학은 인간이 신의 뜻과 같은 지고의 목적이 없더라도 자연을 지배하는 것을 정당화해 주는 철학 개념을 탄생시켰다.

이러한 변화에 따라 홉스는 어떤 질서의 존재 가치는 한 사회의 생존을 지켜 줄 수 있느냐 하는 데 있다고 판단했다. 홉스는 인간의 본성을 중시하면서, 중세의 자연법으로 상징되는 권리와 의무의 개념을 새로운 자연권과 자연법 개념으로 변형시켰다. 다시 말하면 홉스는 근대적인 성격을 띤 자연법 이론과 인간의 욕구를 중시하는 자연권 이론을 제시하면서 근대라는 새로운 시대의 인간이 필요로 하는 사상 체계를 이끌어 낸 것이다.

홉스의 국가론

자연법과 근대 사회 9

『리바이어던』은 인간의 본성에 관한 내용을 중심으로 한 1부 '인간에 대하여'에 이어, 2부 '국가에 대하여'에서 국가의 설립이나 주권자의 권리와 의무 등을 다루고 있다.

자연상태를 벗어나기 위해 인간은 무엇이 자신에게 위험스러운 것인가에 대한 사적인 판단을 포기하그 주권자의 판단을 받아들여야 한다. 모든 사람이 수용할 수 있는 질서를 세우려면 이러한 방법밖에 없다는 게 홉스의 주장이다. 사람들이 제가끔 위험을 판단하고 이에 따라 행동한다면, 자연상태에서 벗어날 수 없다.

그런데 사람들이 무엇에 근거해 이 같은 결정을 내리게 되는가가 문제로 남는다. 다시 말해 사람들이 뭘 걷고 자연권을 포기하면서 공통의 권력을 받아들이느냐는 것이다. 홉스는 자연법에서 해답을 찾고 있다. 인간이 자연법을 이행해 자기 보존을 실현하기 위해서는 국가의 설립이 불가피하다는 것이다.

자연법의 이행 원리
홉스는 인간이 무엇을 하거나 하지 않는 것에 관한 명령을 자연법에서 찾을 수 있다고 보았다. 그는 특히 성서에 나오는 "너희는 무엇이든지 남에게 대접받고자 하는 대로 너희도 남을 대접하여라." (마태복음 7장 12절), "너희는 남에게 대접을 받고자 하는 대로 남을 대접하여라."(누가복음 6장 31절)[78]를 바꾸어 "남이 나에게 하지 말았으면 하는 것을 남에게 행하지 말라."는 말로 표현했다. 그는 이를 자연법 이행 여부를 판단할 수 있는 한 가지 기준으로 여기고 있다.

그가 지금 남에게 하고 있는 행위가 자연법에 따라 하고 있는 것인지 아닌지 의문이 생길 경우 자기 자신을 남의 입장에 놓고 생각해 보면 알 수 있다.[79]

자연법의 이행 여부를 판단하는 이러한 기준은 상대주의적 척도이다.

사람은 자신이 그와 상종하게 되는 다른 사람의 입장에 있고 다른 사람이 자신의 입장에 있다고 가정해 볼 필요가 있다. 그것은 말하자면 저울을 바꾸는 것에 불과하다. 왜냐하면 모든 사람의 정념은 자신의 저울에선 무겁게 매겨지지만 다른 사람의 저울에선 그렇지 않기 때문이다. 그리고 이 법칙은 '남이 나에게 하지 말았으면 하는 것을 남에게 행하지 말라.'는 옛날부터 내려오는 경구로 잘 알려져 있고 잘 표현되어 있다.[80]

홉스는 '남이 나에게 하지 말았으면 하는 것을 남에게 행하지 말라.'는 말이 유럽에서 옛날부터 내려오는 경구라고 말했다. 그런데 이 같은 말은 동양에서도 쉽게 찾아볼 수 있다. 『논어』 '위령공' 편에 나오는 공자의 말이 대표적인 예이다. 공자의 제자인 자공이 스승에게 "제가 평생 동안 실천할 수 있는 한마디 말이 있습니까?"라고 묻자, 공자는 "그것은 바로 서(恕, 마음을 너그럽게 해 용서함)이다. 자기가 원하지 않는 것을 남에게 베풀지 말라(其恕乎 己所不欲 勿施於人)."고 대답했다. 자신이 하기 싫은 일은 다른 사람도 싫어할 것이 분명하다. 따라서 내가 원하지 않는 일을 남에게 강요해서는 안 된다는 뜻이다. 이에 따라 무엇을 행하고 무엇을 하지 말아야 할지 인간은 스스로 알게 된다. 이것이 자연법의 이행 원리이다.

자기 이익

자연법은 만약 합리적인 어떤 사람이 충동과 정념이 지배하는 상황에 놓였을 때 자신의 이익을 추구하는 과정에서 지키게 되는 규칙이다. 홉스는 본성적으로 자기중심적이고 이기적인 인간이 대체로 이 규칙에 따라서 행동한다고 믿었다. 왜냐하면 실제로 인간은 조직된 사회를 형성하고 스스로를 정부의 지배에 맡기기 때문이다. 인간은 '계몽된 이기주의'의 명령을 따르는 셈이다.

국가를 만들어 내는 사회계약의 동기는 인간의 다른 모든 자발적 행위와 마찬가지로 자기 이익에 근거를 두고 있다. 신의 뜻이어서도 아니고 통치자를 위해서도 아니며 인간 자신의 이익 때문에 국가를 설립한다는 것이다. 다시 말해 홉스는 자연법 이론을 통해 인간의 본성에서 끌어낸 순수하게 세속적인 규범 또는 모든 인간이 준수해야 할 일반 법칙을 제시했다. 이 과정을 통해 홉스는 인간을 신의 권위에서 해방시켰다.

아울러 홉스는 자연법이 지닌 구속력의 근원을 신의 권위가 아닌 인간 이성의 추론에 두고 있다. 홉스가 자연법을 "무엇이 그들 자신의 보존과 방위에 도움이 되는 것인가에 관련된 판정이나 정리(定理)에 지나지 않는다."[81]라고 규정한 것이 이를 뒷받침한다. 홉스가 볼 때 자연법은 이성에 의해 발견된 평화의 규칙들이다.

그런데 자연법은 인간의 내면을 제약하는 것이지 실제로 인간이 그것을 행동으로 옮기게끔 구속하지는 못한다. 자연법이 실현되려면 다른 안전장치가 있어야 한다. 사람들은 어떤 일이 옳다고 판단한다고 해서 언제나 그것을 실행에 옮기지는 않기 때문이다. 특히 자신의 안전과 관련된 일이라면 다른 사람도 그와 비슷한 행동을 할 것이라는 보장이 있어야 한다.

그러므로 자연법은 필연적으로 국가라는 안전장치를 요구한다. 공통의 권력을 수립하는 사회계약이 있어야, 그리고 인간의 외부에서 작용하는 일종의 안전장치로서 국가가 있어야 자연법이 실현될 수 있다. 국가는 힘에 의해 지지되고 필요하다면 처벌도 할 수 있는 공통의 권력이다.

결국 『리바이어던』의 핵심은, 인간이 인간 본성의 결과인 자연적인 무정부 상태에서 빠져나올 수 있는 단 하나의 방법, 곧 국가 설립이라는 방법을 알고 있다는 점이다.

자연상태와 대비되는 사회는?

홉스는 자연상태를 가정하면서 자연상태를 극복한 사회를 꿈꾸었다. 홉스는 자연상태와 대비되는 사회를 '시민 사회'로 표현한다.

홉스가 『리바이어던』에서 사용한 '시민 사회'라는 용어는 로마 교황한테서 독립한 비종교적 인간 사회를 의미하는 것이었고, 정치권력은 이 시민 사회의 존립에 필요했기 때문에 설정된 것이었다. 오늘날 시민 사회는 자유롭고 독립적인 인격을 지닌 시민들에 의해 구성되는 근대적인 사회를 가리키지만, 경우에 따라 자본주의 사회와 동일한 의미로 쓰이기도 한다.

자연법 이론의 개념적 모델도 자연상태와 시민 사회의 구분을 통해 만들어졌다. 이탈리아 정치 사상가 노르베르토 보비오는 홉스에서 헤겔(1770~1831)에 이르기까지 근대의 모든 주요 정치 사상가들이 채택한 자연법 이론의 개념적 모델이 '자연상태'와 '시민 사회'의 구분을 통해 만들어졌다고 밝히면서 다음과 같이 그 특징을 열거했다.

(1) 비(非)정치적이고 반(反)정치적인 상태인 자연상태는 국가의 기원과 기초에 관한 분석의 출발점이다.
(2) 자연상태와 시민 사회는 서로 대립되는 개념이다. 시민 사회

는 자연상태의 결점을 수정하거나 제거하기 위해 자연상태의 안티테제*로 나타나기 때문이다.

(3) 자연상태의 구성 요소는 근본적으로 개인이다.

(4) 자연상태의 구성 요소는 자유롭고 평등하다. 따라서 자연상태는 언제나 자유와 평등의 상태로 묘사된다.

(5) 자연상태에서 시민 사회로 변화하는 것은 필연적인 게 아니라, 하나 이상의 협약으로 일어난다. 이는 자연상태를 벗어나는 데 관심 있는 개인들이 수행하는 자발적이고 의도적인 행위이다. 따라서 시민 사회는 '자연'이 아닌 '문화'의 산물로 표현되거나 '인위적인' 것으로 표현된다.

(6) 정치 사회에 관한 합법화의 원칙은 동의(同意)이다.[82]

자연법 이론의 핵심은 개인이 자연상태에서 벗어나기 위해 사회계약을 통해 국가를 형성한다는 것이며, 홉스는 이 모델을 만든 선구자라고 할 수 있다. 이 같은 자연법 이론 모델은 홉스 이후 근대 정치 사상에서 국가의 기원을 설명하는 이론적 틀이 되었다.

근대 이전, 다시 말해 고대와 중세 시대에 국가의 기원을 설명하는 이론적 틀은 아리스토텔레스의 모델이 대표적이었다. 국가의 기원에 관한 아리스토텔레스의 모델은 자연법 이론의 개념적 모델과 사뭇 다르다. 그 차이를 비교해 보면 홉스 사상이 지닌 근

---

* 철학 용어로 반정립(反定立)이라고도 하며, 사물의 발전에서 최초의 상태가 부정되고 새로이 나타난 상태를 말한다.

대성을 명확하게 이해할 수 있다.

아리스토텔레스 모델의 특징은 다음과 같다.

(1) 국가가 형성되기 이전의 자연상태가 아니라, 최초의 자연적 공동체인 가족이 분석의 출발점이다.
(2) 국가는 최초의 사회인 가족이 발전된 결과이며 최종의 도착점이다.
(3) 자연적인 상태는 고립되어 있는 것이 아니다. 국가는 개인들이 모여서 이루어진 게 아니라 가족들이 모여서 이루어진 것으로 표현된다.
(4) 개인은 태어나면서부터 가족 속에서 살기 때문에 근본적으로 부모와 자식, 주인과 노예처럼 우열의 관계에 있다.
(5) 가족과 같은 작은 공동체에서 국가로 발전하는 과정은 자연적으로 이루어진다. 따라서 국가는 가족만큼이나 자연적이다.
(6) 정치 사회에 관한 합법화의 원칙은 동의가 아니라 필요성이다.[83]

부르주아 사회의 이론적 반영

아리스토텔레스의 국가 개념이 어째서 홉스에 이르러 이렇듯 크게 변화했을까? 이론 모델이 역사적 상황을 반영하기 때문이다.

홉스의 정치 사상은 시장을 중심으로 하는 부르주아* 사회를 반영한다. 부르주아의 등장으로 국가와 개인, 개인과 개인의 관계가 크게 변화했으며 이러한 역사적 변화 속에서 국가의 위상도 완전히 달라지게 되었다. 사회계약과 같이 근대 자연법 학파가 강조한 인간과 사회의 근본 원칙은 근대의 시민 혁명이 일어나는 사상적 밑바탕이 되었다. 근대 국가는 18세기 시민 혁명을 계기로 한층 성숙하게 되었으며 19세기에 이르러 헌법에 의거한 자유주의적인 의회제 또는 대의제 국가로 자리잡게 된다. 널리 알려진 대로 이 변화를 주도한 것이 부르주아 계급이다.

여기서 홉스의 사상을 비롯한 자연법 이론과 부르주아 사회의 관계를 살펴보자.

(1) 자연법 이론가들은 홉스가 말한 자연상태를 인간이 가장 기본적이고 직접적인 관계인 경제 관계를 경험하는 상태로 보았다. 인간은 생존에 필요한 상품을 확보하기 위해 투쟁하면서 자신의 생계를 꾸려 나간다. 이는 정치 영역과는 다른 경제 영역의 발견이며, 달리 말하면 공적 영역과는 다른 사적 영역의 발견이다. 이러한 분리는 경제력과 정치력이 중복되고 사적인 것과 공적인 것이 구별되지 않은 중세 사회와는 전혀 다른 사회의 부상(浮上)을 반영하는 것이다.

*부르주아는 자본가 계급 또는 시민 계급을 의미한다. 부르주아는 17세기 즈음 도시에 거주하는 사람들로 출발했고, 그 후 활발한 경제 활동을 통해 발언권을 강화하면서 이를 바탕으로 권리를 요구하기 시작했다. 부르주아는 18세기 프랑스 혁명 당시 정치적 승리를 거뒀고 이 때문에 프랑스 혁명이 부르주아 혁명으로 일컬어지기도 한다. 19세기 이후에는 자본주의적 생산으로 부를 축적해 경제적 이해관계를 같이하는 집단을 부르주아라고 한다.

(2) 경제 영역과 정치 영역이 서로 다른 것이며 더욱이 상반되는 것이라는 사실을 발견했다는 것은 기존의 국가에서 해방되어 경제적으로 주도권을 장악하고 있던 사회 계급, 곧 부르주아의 부상을 반영한다.

(3) 정치 사회에 앞선 자연상태는 개인이 완전한 종교적, 도덕적, 경제적 자유를 누리는 상태이다. 이들은 독립적이지만 상품을 소유하거나 교환하기 위해서 서로 접촉하거나 갈등을 겪게 된다. 이는 부르주아적인 윤리와 세계관인 개인주의 개념을 반영한다.

(4) 자연상태에서 찾아볼 수 있는 자유와 평등의 이상은 전통적인 것과 상반되는 사회에서의 생활에 관한 규범적 개념을 표현한다. 전통적인 이상에 따르면 인간 사회는 위계적이고 안정적인 질서를 세운다. 반면에 자유와 평등의 이상은 평등주의적이고 자유주의적인 사회의 이념적 특성을 나타낸다.

(5) 국가가 개인들의 동의에 의해 설립된다는 개념은 새로운 계급의 사회적, 경제적 해방뿐 아니라 정치적 해방으로 나아가는 추세를 나타낸다. 국가의 기원에 관한 계약론 관념은 이념적, 경제적 주도권을 장악하는 과정에 있는 한 계급이 그 자신과 닮은 국가를 창조함으로써 정치권력을 장악해야 한다는 사상을 반영한다.

(6) 권력의 행사가 동의에 기반을 두었을 때만 정당하다는 사상은, 아직 동의를 얻지 못한 권력을 빼앗으려고 투쟁하는 이들

에게 적절한 것이다. 그리고 이들은 일단 권력을 잡고 나면 이와 반대되는 주장을 내세운다.[84]

이 마지막 설명에서 구성원들의 동의에 기초한 사회계약론이 부르주아의 권력 장악 이후 사상사의 전면에서 사라진 이유를 알 수 있게 된다. 부르주아는 구성원의 동의와 무관한 절대 왕정을 부당한 것으로 간주하고 이에 대항하는 데 사회계약론을 이용했지만, 권력을 손에 넣은 뒤에는 사회계약론이 거추장스러운 게 되었을 것이다.

오늘날에는 자연법에 대해 얘기하는 사람이 많지 않다. 그러나 홉스가 살던 시대에는 자연법 개념이 널리 사용되었다. 홉스는 이 개념을 통해 인간이 사회계약을 맺고 국가를 형성해 가는 과정을 설명했던 것이다.

사회계약,
개인과 국가의 새로운 관계

10

우리는 사회생활을 하면서 많은 계약을 맺게 된다. 직장에 다니는 사람들은 회사와 연봉 계약을 맺고, 책의 저자와 작곡가들은 저작권 계약을 맺는다. 집을 팔고 살 때도 각자의 권리와 의무를 명시한 계약서를 작성하고 여기에 서명하거나 도장을 찍는다. 남을 신뢰하는 것은 훌륭한 일이지만, 처음 보는 사람을 무턱대고 믿을 수도 없는 노릇이다. 따라서 다른 사람과 함께 어떤 중요한 일을 할 때 계약서에 상대방의 서명을 받아 놓는 것은 현명한 일이다.

사회계약론은 국가 권력의 기원을 그 구성원인 개인들의 동의에서 찾는 정치 이론이다. 개인들이 국가 권력을 수립하는 계약을 체결했다는 것이다. 물론 여기에는 누군가 서명한 계약서가 있는 게 아니라 이론적으로 그렇게 가정했다는 말이다.

사회계약론의 배경

사회계약론은 정치 사상가들의 순수한 창작물은 아니다. 사회계약론의 동기가 되었음직한 사건을 역사에서 찾아볼 수 있다.

1215년 영국에서는 마그나 카르타(대헌장)가 선포되었다. 존

KING JOHN SIGNING THE GREAT CHARTER. (See p. 364.)

마그나 카르타

본디 귀족의 권리를
재확인한 봉건적
문서였으나, 17세기에
이르러 왕과 의회의 대립이
첨예해지자 왕의 전제
권력에 맞서 국민의 권리를
옹호하는 데 유력한
전례로서 이용되었다.

마그나 카르타에 서명하는 존 왕

1215년 존 왕은 귀족들의 강압에 못이겨 마그나카르타에 서명한다.
그러나 그는 곧 교황에게 호소하여 마그나 카르타의 무효를
선언했고, 또다시 내란이 일어났다. 존 왕은 그 소란 속에서 병으로
죽었다. 그림은 1902년 무렵 발간된 한 역사책의 삽화이다.

왕이 프랑스와 전쟁을 치르면서 전쟁 비용을 조달하기 위해 가혹하게 세금을 징수하자 귀족을 중심으로 이에 반발한 결과로 이루어진 일이다.

마그나 카르타는 왕의 강제적 권력으로부터 보호받아야 할 개인의 행동과 재산 소유권 따위를 인간의 권리로 승인했다. 곧, 왕의 권력 남용을 구체적으로 제한하고, 적법한 재판에 의해서만 국민을 체포 또는 구금할 수 있다는 원칙 등을 확인한 것이다.

그 후 국왕과 귀족 또는 의회의 갈등이 계속되면서 각종 권리장전들이 마련되었다. 마그나 카르타와 그 후의 권리장전들은 왕권을 부분적으로 양보하는 것을 법적으로 제도화하고 있지만, 실제로는 갈등 관계에 있던 세력들 간의 계약이라고 볼 수 있다. 권력을 쥐고 있는 쪽의 국민 보호 의무와 국민의 복종 의무 사이에 정치적 관계를 설정한 셈이다.

하지만 자연상태론과 마찬가지로 사회계약론도 전적으로 역사적 사실에 근거를 둔 것은 아니다. 실제 어느 나라도 사회계약의 결과로 생겨나진 않았다. 사회계약론은 국가 권력 형성에 관한 철학적인 설명 방식이다. 사회계약론은 국가 권력이 실제 어떻게 형성되었는지를 설명하려는 게 아니라, 국가 권력을 어떻게 받아들여야 할지 그 철학적 근거를 제시하는 데 목적이 있다.

근대 사회계약론의 토대를 마련한 홉스는 주권자와 국민이 지닌 권리와 의무를 밝히기 위해 사회계약이라는 논리적 도구를 이용한 것이다.

홉스에 따르면, 사람들은 본성적으로 자유를 사랑하고 다른 사람을 지배하기 좋아하지만 자신에게 속박을 가하는 국가 안에서 살아간다. 그 궁극적인 동기나 목적은 자기 자신을 보존하고 더 만족스러운 생활을 하려는 욕구, 다시 말해 비참한 전쟁 상태에서 벗어나려는 통찰력에서 나온 것이다. 자연법만으로는 개인의 안전이 보장되지 않는다. 인간의 타고난 정념에 비추어 볼 때 정의, 평등, 겸허, 자비와 같은 여러 자연법들이 어떤 힘에 대한 공포 없이 지켜질 것이라고 기대할 수 없기 때문이다. 특히 인간의 정념은 인간을 편견, 자만, 복수 따위로 이끌게 마련이다.[85]

> 따라서 여러 자연법(모든 사람이 그것을 지킬 의지가 있고 또 그것을 안전하게 지킬 수 있을 때는 자연법을 지켜 왔다)이 있지만, 권력이 수립되지 않았거나 우리의 안전을 보장할 만큼 권력이 강하지 않다면 모든 사람은 다른 모든 사람을 경계하기 위해 자신의 힘과 기교에 합법적으로 의존할 것이다.[86]

이 때문에 사람들은 자연상태에서 제가끔 지닌 무한한 권리를 포기하거나 양도하게 되는데, 이러한 '권리의 상호 양도'가 계약이다.

계약과 신약
그런데 권리의 상호 양도만으로 정부가 수립될 수 있을까? 홉스는 이것이 오직 신약(信約)에 의해서만 가능하다고 보았다.

홉스는 평화를 이끌어 내기 위해 국가를 수립하는 사회계약에서 필수적인 사항으로 계약의 지속성에 관심을 쏟는다. 홉스는 계약과 신약의 차이를 다음과 같이 설명한다.

둘 또는 그 이상이 서로 자신의 권리를 양도하는 행위를 계약이라 한다. 그러나 모든 계약에서 계약 당사자 양쪽은 서로 간에 신뢰가 없기 때문에 계약한 것을 곧바로 이행하거나 한쪽 당사자가 계약을 이행해 다른쪽 당사자가 신뢰하도록 만들어야 한다. 그렇지 않으면 양쪽이 계약을 이행하지 않는다. 양쪽 당사자가 곧바로 계약을 이행하는 경우는 이행하자마자 계약 관계가 끝난다. 하지만 계약 당사자 중 한쪽이나 양쪽 모두에 신용이 있는 경우에는 계약 당사자가 뒷날의 계약 이행을 약속한다. 이 같은 약속을 신약이라 한다.[87]

모든 계약은 계약 당사자들이 어떤 것에 대한 자연권을 포기하는 방식을 취하게 된다. 사람을 고용하는 계약을 예로 들어 보자. 고용 계약을 체결한 고용주는 자기 돈의 일부에 대한 권리를 포기하고 피고용자가 그 돈을 사용하는 데 간섭하지 않는다. 피고용자는 그 대신 정해진 기간에 자신의 노동력을 자기 마음대로 사용할 권리를 포기하고 고용주가 원하는 일을 한다.

신약은 계약 당사자 한쪽이나 양쪽이 '미래에' 그들의 권리를 포기하기로 합의한 계약을 말한다. 계약 당사자들이 그 자리에서 바로 권리를 포기하는 것은 신약이 아니다. 이 구분에 따르면 사람들이 실제 맺는 거의 모든 계약은 신약이 된다. 고용 계약의 경우 피고용자는 당장 일하기 시작하고 고용주는 일정 기간이 지난 뒤에 임금을 치르기로 합의한다. 결혼의 경우도 신랑과 신부가 앞으로 배우자 외에 다른 이성을 뒤쫓아다닐 권리를 포기하기 때문에 신약이 될 수 있다. 신약의 중요한 부분은 상대방에 대한 신뢰에 있다. 홉스는 신약을 다음과 같이 설명한다.

> 어떤 사물에 대한 권리를 양도하는 것과 물건 자체를 넘겨주는 것에는 차이가 있다. 물건은 현금으로 매매되거나 재화나 토지를 맞바꾸는 경우와 같이 권리의 이전으로 인도될 수 있다. 그것은 일정한 시간이 지난 뒤에 넘겨줄 수도 있다. 나아가 계약자의 한쪽이 계약한 물건을 넘겨주면서 다른 한쪽은 정해진 기간 후에 약속을 이행하도록 해 그동안 상대방을 신뢰하는 상태로 둘 수도 있다. 그의 입장에서 이러한 계약은 협정 또는 신약이라고 말한다. 양쪽이 지금 계약을 하고 뒤에 이를 이행하도록 하는 경우 장래에 계약을 이행할 사람은 신뢰받고 있는 것이다. 그의 계약 이행은 약속의 준수나 성실이라고 말하며, 불이행은 (자발적인 것이라면) 성실의 파기라고 말한다.[88]

홉스는 후대의 다른 많은 사회계약론자들과 마찬가지로 사회를 형성하는 계약과 정부를 수립하는 계약의 이중 절차를 인정하지 않았다. 홉스 시대만 해도 사람들은 사회와 국가를 분리해서 보지 않았고, 홉스도 이 둘을 구분할 필요를 느끼지 못했을 것이다.*
하지만 굳이 이를 구분하자면 사회의 형성은 권리의 상호 양도가
곧바로 이루어지기 때문에 계약이며, 국가의 형성은 주권자의 권
력 행사를 믿고 맡기기 때문에 신약인 셈이다. 이러한 신약에 대한
홉스의 설명을 들어 보자.

> 만약 단순한 자연상태(이는 모든 사람의 모든 사람에 대한 전쟁 상태이
> 다)에서 합당한 의혹이 있는데도 양쪽이 현재 이행하지 않지만 서로
> 신뢰한다고 하는 신약이 맺어진다면 그것은 무효이다. 그러나 이행을
> 강제하기에 충분한 권리와 힘을 가진 공통의 권력이 그들 위에 있다면
> 그 신약은 무효가 되지 않는다. 강제력에 대한 공포가 없다면, 언어로
> 이루어진 약속은 인간의 야심, 탐욕, 분노나 그 밖의 정념을 구속하는
> 데 지나치게 약하기 때문에 먼저 약속을 이행하는 사람은 다른 사람이
> 나중에 그것을 이행할 것이라는 확신을 갖지 못한다. 이 같은 강제력
> 은 모든 사람이 평등하고 자신들의 공포의 정당성에 대한 재판관이 되
> 는 단순한 자연상태에서는 생각할 수가 없다. 이런 상태에서 먼저 약
> 속을 이행하는 것은 자신의 생명과 생존 수단을 지키는 (결코 버릴 수
> 없는) 권리에 반해 자신을 적에게 팔아넘기는 짓이다.[89]

*여기서 국가와 사회를 비교해 보자. 사회는 인간의 결합 관계를 뜻하는 광범위한 용어이다. 가족
부터 국가에 이르기까지 다양한 인간의 결합 관계를 사회라고 말한다. 국가는 일정한 영토와 국민,
주권을 지니면서 물리적 강제력을 동원할 수 있고 국민에게 권위를 행사한다. 국가와 사회를 구분
할 때 사회는 시민 사회를 의미하는 경우가 많다. 시민 사회는 독립적 인격을 지닌 시민에 의해 구
성되는 근대적 사회로, 자본주의 사회와 같은 의미로도 쓰인다.

홉스는 사회계약이 일단 성립되면 계약이 지속되어야 한다고 강조한다. 홉스는 계약의 파기 또는 위반은 사람들이 위법 행위라고 말하는 것이며, 이것은 부당하다고 일컬어지는 행위를 한 것이라고 설명한다. 계약을 파기하거나 위반하는 행위가 부당한 이유는 그것이 이미 권리가 양도되었거나 포기된 상태의 행위이기 때문이다.[90] 일반적인 계약은 경우에 따라 중도에 파기될 수도 있지만 사회계약은 다르다는 것이다.

최악의 상황을 피하라

그러면 사회계약은 어떻게 맺어지게 될까? 우리가 작은 섬에 살고 있다고 가정해 보자. 어떤 사람들은 자신을 방어할 무기를 가지고 있다. 물론 이 무기는 다른 사람을 공격하는 데 쓰일 수도 있다. 평화를 뿌리내리기 위해 무언가를 하지 않는다면 우리는 언제 죽을지도 모르는 처지이다.

이 같은 곤경에서 빠져나올 수 있는 유일한 방안은 우리가 원하는 것을 무엇이나 할 수 있는 권리, 특히 갖고 있는 무기를 포기하는 것이다. 이를 위해 우리는 어떤 사람을 지정해 그에게 섬에 있는 모든 무기를 맡기는 방법을 선택할 수 있다. 무기를 맡은 사람은 섬에 사는 모든 사람의 안전을 책임지는 지도자, 곧 홉스가 말하는 주권자가 된다.

몇몇 홉스 연구가들은 게임 이론의 '죄수의 딜레마'라는 모델을 원용해 홉스가 말한 사회계약을 설명하기도 한다. 두 사람이 공모해 강도질을 저지른 뒤 체포된 경우를 상상해 보자. 두 사람은 각기 다른 방에 격리된 채 조사를 받고 있고, 그래서 상대방이 경찰에게 어떤 말을 하는지 알 수 없는 상황이다. 하지만 경찰은 어느 누구도 기소할 수 있을 만큼 충분한 증거를 확보하지 못했기 때문에, 적어도 두 사람 중 한 사람한테서 범죄 사실을 자백받아야 한다. 두 사람 모두 입을 다물고 있으면, 최대 10년형을 받을 수 있는 강도 혐의로 기소되는 것을 피하고 과거에 저지른 단순 절도 혐의로 1년형을 받게 된다. 경찰은 격리되어 있는 두 사람에게 각각 강도 범죄 사실을 자백하면 석방해 주는 대신 다른 사람에게 10년형을 내리도록 하겠다는 협상안을 제시한다. 만일 두 사람 모두 범죄를 자백하면, 두 사람 모두 석방될 수는 없지만 3년형이라는 관대한 처벌을 받게 된다.

범인 중 한 사람의 입장에서 생각해 보자. 그는 여러 가지 경우

죄수의 딜레마

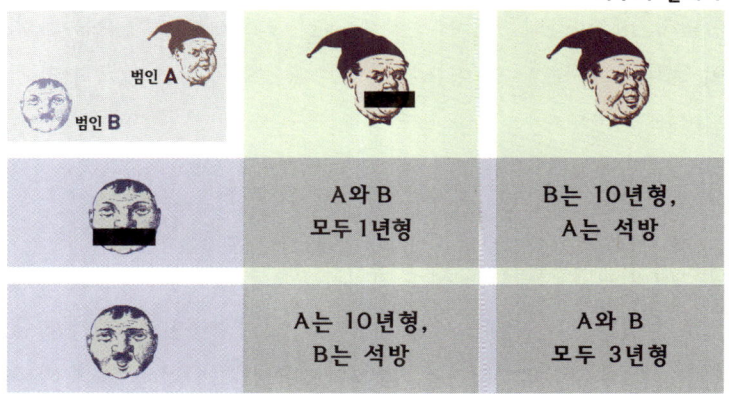

를 헤아려 보고 자신에게 가장 유리한 선택을 할 것이다. 그가 만일 범죄 사실을 자백하지 않고 다른 범인도 자백하지 않으면 두 사람 모두 1년형을 받게 된다. 하지만 다른 범인이 자백하지 않는다는 보장이 없다. 그가 자백하지 않고 다른 범인이 자백하면 그는 10년형을 받게 된다. 이게 최악의 시나리오이다. 그가 자백하면 다른 범인이 자백하더라도 3년형이고 다른 범인이 자백하지 않으면 그는 석방된다. 따라서 다른 범인이 자백을 하건 침묵을 지키건 간에 그는 자백하는 게 유리하다고 판단할 것이다. 다른 범인 입장에서도 같은 판단을 내릴 것이다. 결국 두 범인은 이성을 통해, 다시 말하면 머리를 굴린 뒤에 자백을 선택하게 될 것이다.

물론 비유적인 설명이기 때문에 사회의 상황과는 다르다. 그러나 이 비유의 핵심은 인간이 최선을 추구하는 것보다 최악을 피하는 것을 우선시한다는 점이다. 이것은 홉스의 생각과 전적으로 일치한다. '죄수의 딜레마' 모델은, 인간이 사회계약을 통해 국가를 설립하기로 마음먹은 것이 언제 닥칠지 모르는 죽음과 같은 최악의 상황을 피하려는 데 이유가 있다는 홉스의 주장을 설득력 있게 설명해 준다.

사회계약의 의미

홉스에 따르면 사람들은 서로 이익을 꾀하기 위해 사회를 인위적으로 형성하기로 합의했다. 홉스는 인간이 본성에 따라 사회를 형성한다는 아리스토텔레스의 주장을 반박했다. 인간은 본성 때문이 아니라 자신이 필요하기 때문에 인위적으로 사회를 만들어 낸다는 것이다.

나는 사람들이 함께 모여 사는 것을 바란다는 점을 부인하지는 않는다. 그러나 시민 사회는 단순한 사람들의 모임이 아니라 사람들이 결속된 것이며, 그것이 결성되기 위해서는 신뢰와 계약이 필요하다. 어린아이들과 어리석은 자들은 사회의 장점을 알지 못하며 사회가 무엇인지 모르기 때문에 사회에 참여할 수 없다. 사회가 없을 때 생기는 불행을 아직 맛보지 못한 사람들은 사회의 이익을 알지 못하며, 사회가 가져오는 혜택을 잘 모르기 때문에 사회에 관심을 갖지 않는다. 따라서 모든 사람은 유치한 상태로 태어나기 때문에 사회에 부적합하다는 것은 명백하다. (……) 사람은 본성에 의해서가 아니라 교육에 의해서 사회에 적합하도록 만들어진다. 더욱이 사람이 사회를 원하는 상태로 태어났다고 하더라도 그 때문에 사회에서 생활하기에 적합하도록 태어났다고 할 수는 없다. 왜냐하면 원하는 것과 원하는 것에 적합한 능력을 지녔다는 것은 다르기 때문이다.[91]

합리적인 개인이 다른 사람에게서 필요로 하는 것은, 그들도 반드시 합리적이어야 한다는 것이 아니라 그들이 합리적인 것처럼 행동해야 한다는 것이다. 홉스의 논리에 따르면 국가가 개인들에게 사회계약을 유지하도록 강제하는 것, 다시 말해 개인들이 합리적으로 행동하도록 강제하는 것은 부당한 일이 아니다. 특히 홉스는 "칼이 없으면 계약은 다만 말에 지나지 않으며 인간의 안전을 지킬 힘을 갖지 못한다."[92]고 강조했다. 그러므로 홉스가 볼 때, 힘에 의해 뒷받침되며 또 계약을 지키지 않을 때는 처벌할 수 있는 '공통의 권력'이 있어야 한다.

다만 개인에게 가해지는 폭력에 힘으로 방어하는 것은 당연하다. 그렇게 하지 않는다는 신약이 있다면 그것은 무효이다.

인간은 본래 저항하지 않으면 분명히 지금 목숨을 잃게 되는 큰 해악보다는, 저항해서 죽을 위험에 처하게 되는 작은 해악을 선택할 것이기 때문이다. 그리고 범죄자가 자신에게 유죄판결을 내린 법에 동의했다 하더라도 이 범죄자를 형장이나 감옥으로 데려갈 때 무장한 사람들이 경비하는 데서 알 수 있듯이, 모든 사람들은 앞에 말한 것을 진실이라고 인정하고 있다.[93]

홉스는 개인의 동의로 이루어지는 사회계약의 의미를 다음과 같이 설명한다.

인간의 권력 가운데 가장 큰 것은 동의에 의해 대다수 사람들의 권력이 자연적 또는 사회적인 한 인격으로 결합된 것이다. 이 인격은 국가 권력이 그런 것처럼 사람들의 모든 권력을 자신의 뜻대로 사용할 수 있거나, 또는 한 당파의 권력이나 동맹을 형성한 다양한 당파들의 권력이 그런 것처럼 당파 또는 당파들의 의사에 따라 사용할 수 있다.[94]

홉스는 또한 사회계약의 결과 모든 사람은 주권자에 의해 대표되며, 유일한 통일성은 주권자에 속하는 것이라고 본다.

인격을 하나로 만드는 것은 대표되는 사람의 통일성이 아니라 대표자의 통일성이다. 그리고 인격을 떠맡는 것은 대표자이고, 단일의 인격이다. 그렇지 않으면 군중 속에서 통일성이 이해될 수 없다.[95]

여기서 대표되는 사람은 국민이고 대표자가 주권자다. 대표자가 군주이건 의회이건 간에 단일의 인격으로 통일성을 지니게 된다는 말이다.

따라서 홉스의 사회계약론은 주권자에 대한 복종과 주권자의 권력 행사가 합리적 성격을 갖고 있음을 보여 주려는 하나의 책략이다.[96] 여기서 주권자가 구체적으로 무엇을 의미하는지 되새겨 보자.

홉스에 따르면 주권에는 군주정, 귀족정, 민주정의 세 가지 형태가 있다. 그 구분은 주권자가 얼마나 많은 수로 구성되느냐에 따른 것이다. 군주정은 1명의 주권자로 구성되고, 귀족정은 소수의 주권자로 구성되는 반면, 민주정은 근본적으로 모든 국민에게 국회의원 등 대표자를 선출하는 투표권을 부여하는 방식으로 주권을 개방한다.

국가의 차이는 주권자, 곧 모든 군중 개개인을 대표하는 인격의 차이에 있다. 주권은 한 사람에게 있거나 둘 이상의 합의체에 있다. 이 합의체는 모든 사람이 참가할 권리를 지니거나, 모든 사람이 아니라 다른 사람과 구별되는 몇몇 사람만 그런 권리를 지닌다. 이 때문에 국가의 종류가 세 가지뿐이라는 것은 분명하다. 말하자면 대표는 한 사람또는 둘 이상이어야 하고, 둘 이상이라면 모든 사람의 합의체인가 몇몇 사람의 합의체인가로 구분된다. 대표가 한 사람이라면 그것은 군주정이고, 모든 사람의 합의체면 민주정, 곧 대중적 국가이며, 몇몇 사람만의 합의체라면 귀족정이라 일컫는다. 다른 종류의 국가는 있을 수없다. 다시 말해 한 사람이건, 둘 이상이건, 모든 사람이건 간에 주권전체(그것을 분할할 수 없다는 것은 이미 말했다)를 가져야 한다.[97]

어떤 정부 형태가 좋은가
역사에 관한 책을 읽다 보면 군주정, 귀족정, 민주정 말고도 폭군정, 과두정, 무정부 상태와 같은 용어가 나오기도 한다. 홉스는 이에 대해 다음과 같이 설명한다.

역사나 정책에 관한 책 속에 폭군정이나 과두정 같은 다른 정부 명칭이 있다. 그러나 그것들은 다른 정부 형태를 일컫는 말이 아니라, 같은정부 형태에 대해 불만을 가졌을 때 일컫는 말이다.[98]

홉스에 따르면 군주정에 불만을 품은 사람들은 그것을 폭군정이라 말하고, 귀족정을 좋아하지 않는 사람들은 그것을 과두정이라 하며, 민주정 아래에서 고통받는 사람들은 그것을 무정부 상태라고 일컫는다는 것이다.

홉스는 여러 정부 형태 가운데 군주정을 선호했다. 당시에 유행했던 왕권신수설 때문이 아니라 군주정이 효율적이라는 이유에서이다. 주권자가 한 명일 경우 주권자에 대한 평판은 국가가 번영했는지 아닌지에 달려 있지만, 주권자가 여러 명일 경우에는 주권자에 대한 평판과 국가의 번영이 직결되지 않기 때문이다.

민주정의 경우 국회의원 등 대표자 가운데 한 사람이 부패하더라도 국민 전체가 큰 타격을 받지 않고 대표자 가운데 한 명의 평판이 국가의 번영과 직결되지 않기 때문에 군주정보다 더 부패할 가능성이 높다고 보았다. 또 주권자가 둘 이상일 경우 서로 간에 명예 따위를 둘러싼 경쟁을 불러올 수 있다는 점도 홉스가 군주정을 선호한 이유이다. 물론 이 같은 홉스의 주장은 민주주의가 아직 뿌리내리지 않은 17세기라는 시대 상황의 한계에서 비롯되었다.

오늘날에는 홉스가 군주정을 선호한 것이 적이 당혹스러울지 모르겠다. 그러나 사람은 누구나 자신이 놓인 상황이나 경험을 토대로 판단을 내린다. 민주주의가 자리잡기 전에는 홉스뿐 아니라 다른 많은 사상가들이 민주정에 회의적이었다. 플라톤은 민주주의를 변덕스럽고 유약하다고 비판했다. 홉스가 내전에 따른 혼란을 해소하는 데 온 힘을 기울인 것과 마찬가지로, 플라톤은 아테네의 몰락 과정에서 민주주의의 분열상을 목격했다. 플라톤은 그가 살던 시대가 겪은 재난의 원인이 아테네의 정부 형태인 민주정 때문이라고 생각했던 것이다.

아울러 홉스가 사회계약에서 신용을 강조한 사실을 염두에 두고 보면, 그의 사회계약론에는 자본주의가 시작되던 당시의 사회 분위기가 반영되어 있다는 것을 알 수 있다. 홉스는 시장 사회를 움직이게 하는 개인의 경제적 자유가 새로운 형태의 국가에서 실현될 수 있다는 사실을 인식한 것으로 보인다. 그의 사회계약론은 개인과 국가의 관계 설정에 일대 변화를 초래할 수 있는 요소를 지니고 있었다.

국가의 생성　*11*

홉스는 사회계약론을 제기하면서 자신의 정치 사상의 목표인 절대 주권 국가를 이끌어 낸다. 하지만 자연상태가 역사적 사실이 아니라 논리적 가정인 것처럼, 사회계약에 의한 국가 형성도 개인의 동의에 의해 국가가 설립된다는 것을 강조하기 위한 논리적 절차일 뿐이다. 홉스의 관심사는 국가의 역사적 발전을 규명하는 게 아니라 논리적으로 국가 형성에 이르는 과정을 설명하는 데 있다.

국가의 생성

홉스는 인간 모두의 권력과 힘을 한 사람 또는 한 집단에 넘겨줌으로써 공통의 권력이 정립된다고 말했다. 사람들은 이 과정을 거쳐 인간을 모방한 리바이어던, 곧 국가를 만들게 된다. 리바이어던이 인간을 모방해 만들어진다는 말은 국가를 하나의 인격체로 본다는 뜻을 담고 있다. 홉스는 『리바이어던』의 첫머리에서 국가 설립의 인위성을 강조하고 있다.

기예(art)는 더 나아가 자연의 합리적이고도 가장 탁월한 창작품인 인간을 모방한다. 기예에 의해 국가라고 일컬어지는 거대한 리바이어던이 만들어지는데, 이 리바이어던은 인공적 인간일 뿐이다. 리바이어던은 인간보다 더 크고 강하지만 인간의 보호와 방어를 위해 만들어진 것이다.[99)

그는 또 사회계약을 통한 국가의 설립 과정을 묘사하면서 여기에 내포되어 있는 의사(意思)의 통일성을 부각시키고 있다.

인간이 외부의 침입과 상호 간의 침해에서 자신을 방어할 수 있는 공통의 권력을 세우는 유일한 방법은, 그리고 그렇게 함으로써 인간들이 스스로 노력하고 대지의 열매를 얻어 성장하고 만족스럽게 살도록 보장해 주는 것은, 그들 모두의 권력과 힘을 하나의 인물 또는 한 집단의 인간들에게 넘겨줘서 그들 모두의 의사를 다수의 목소리에 의해 단일한 의사로 만드는 것이다. (⋯⋯) 이것은 동의나 합의 이상의 것이다. 그것은 모든 사람이 모든 사람과 맺은 계약으로 창조된 단일 인격으로 모든 사람이 통일되는 것이다. (⋯⋯) 그럼으로써 하나의 인격으로 통일된 다수는 국가, 곧 라틴어로 civitas라고 일컬어진다. 이것이 저 위대한 리바이어던의 탄생이며, (좀더 경건하게 말하면) 불멸의 신 아래서 우리의 평화를 지켜 주고 우리를 보호해 주는 '이 세상의 신'[*]의 탄생이다.[100)

*이 세상의 신(Immortal God)이라는 표현은 언젠가는 죽게 될 것이라는 뜻을 담고 있으며, 불멸의 신(Mortal God)과 대비되는 용어로 사용되었다.

권력의 양도가 이루어지는 방식에 대해 홉스는 이렇게 표현하고 있다.

모든 사람이 모든 사람에 대해 '당신들이 당신들 자신을 지배할 권리를 이 사람 또는 이 집단에게 넘겨주고 그의 모든 행동을 승인한다는 조건에서 나도 이를 승인하고 나를 지배할 권리를 넘겨준다.'고 말하는 것과 같은 방식으로 일어난다.[101]

홉스에 따르면, 사람들이 사회계약을 통해 국가를 형성하는 이유는 다음과 같다.

국가 안에 사는 모든 사람이 부여한 이 권한으로 주권자는 자신에게 주어진 강한 권력과 힘을 이용할 수 있고, 그것에서 나오는 공포에 의해 그는 모든 사람의 의사를, 국가 안의 평화를 유지하고 외부의 적에 맞서 단결하도록 이끌 수 있기 때문이다.[102]

인격과 주권자

홉스는 국가를 "많은 사람들이 스스로 상호 계약을 맺어 만들어 낸 것으로, 사람들의 평화와 공동 방위를 위해 모든 힘과 수단을 사용할 수 있도록 한 하나의 인격(person)"[103]이라고 정의한다. 홉스는 이어 "이러한 인격을 지닌 사람을 주권자라 하고 '주권을 소유한다'고 말한다. 그리고 그 밖의 모든 사람은 그의 신민이다."[104]

라고 덧붙였다.

다수의 인간이 어떤 한 인물 또는 집단에게 그들 모두의 인격을 대표
하는(곧, 그들의 대표자가 되는) 권리를 주는 데 상호 간에 대다수가 합
의하고 계약을 맺을 때 국가가 설립된다고 말한다. (……) 회합에 참
석한 사람들의 동의에 의해 주권이 부여된 개인 또는 집단의 모든 권
리와 능력은 이러한 국가 설립에서 나온다.[105]

그러니까 홉스는 다수의 인격을 대표하는 개인 또는 집단의 권
리와 능력이 사회계약을 통한 국가의 설립에서 나온다고 설파하
고 있다.

홉스는 인격을 "그 사람의 언어나 행위가 그 자신의 것으로 생
각되는 사람, 또는 실제건 가설이건 어떤 다른 사람 또는 그들이
속한 어떤 다른 것의 언어나 행위를 대표한다고 생각되는 사람"[106]
이라고 정의했다. 홉스에 따르면, 전자 곧 언어나 행위가 그 자신
의 것인 경우는 자연적 인격이며, 후자 곧 어떤 다른 것의 언어나
행위를 대표하는 경우는 인위적 인격이 된다. 주권자는 인위적 인
격에 속한다.

여기서 말하는 인격이라는 개념이 조금 생소하게 느껴질지 모
르겠다. 인격에 대한 홉스의 설명을 좀더 들어 보자. 홉스는 인격
이란 말은 라틴어 '페르소나'(persona)에서 온 것이라고 말한다.

페르소나는 무대에서 사람의 '분장'이나 외관을 가리키고 때로는 가면이나 복면처럼 얼굴을 변장하는 것을 말한다. 그리고 이 말은 극장뿐아니라 법정에서도 언어나 행위의 대표자를 의미하게 되었다. 그래서 인격이라는 말은 무대에서나 일상적 대화에서도 배우와 같은 것이다. '역할을 맡는다'(personate)는 말은 자기 자신이나 다른 사람의 역할을 맡는 것, 곧 대표하는 것이며, 다른 사람의 역할을 맡는 사람은 그 사람의 인격을 담당하거나 그의 이름으로 행동한다고 표현된다.[107]

인격 개념은 홉스 사상에서 묘사된 국가의 생성 과정을 이해하는 데 중요한 역할을 한다. 사회계약을 통해 주권을 지니게 된 주권자는 무대에 오른 배우나 법정에 선 법관처럼 국민의 인격을 대표해 자신이 맡은 역할을 수행하게 되는 것이다.

주권자는 누구인가 *12*

『리바이어던』의 표지 삽화를 보면 왕관을 쓴 거인이 오른손에는 국가 권력을 상징하는 칼을, 왼손에는 종교적 권위를 상징하는 지팡이를 들고 서 있다. 이 거인이 리바이어던, 곧 주권자이다. 표지 삽화 윗부분에는 "지상에 더 힘센 자가 없으니 누가 그와 겨루랴?"라는 성서의 욥기 41장 구절이 라틴어로 쓰여 있다. 거인 밑에는 번영하는 도시 형태를 한 국가가 자리잡고 있다.

이 구도는 주권자가 국가의 평화와 질서를 지켜 주고 있음을 의미한다. 주권자의 몸은 그 자신의 것이 아니라 수많은 사람들의 모습으로 가득 차 있다. 이는 주권자가 국민을 통해서만 존재한다는 것으로 풀이할 수 있다. 국민은 주권자의 몸속으로 사라진 게 아니라 주권자의 몸속에서 개인으로 남아 있고 정체성을 보유하고 있다.

주권자의 권리

그렇다면 주권자가 구체적으로 어떤 것인지 알아보자. 홉스는 먼저 주권자의 권리는 사회계약에 의해 주어진다고 말한다.

『리바이어던』의 표지

왕관을 쓴 거인이 오른손에는 국가 권력을 상징하는 칼을, 왼손에는 종교적
권위를 상징하는 지팡이를 들고 서 있다. 이 거인이 리바이어던, 곧 주권자이다.
자세히 살펴보면 거인의 형체를 이룬 것은 수많은 사람들이다.

어떠한 권리를 넘기는 사람은 될 수 있으면 그 권리를 누릴 수 있는 수단도 함께 넘긴다. 예를 들어 토지를 파는 사람은 목초를 비롯해 그 땅에서 자라는 모든 것을 넘겨주는 것으로 이해된다. 또 물방앗간을 파는 사람은 물방앗간을 움직이는 개울물을 따로 떼어 낼 수 없다. 그리고 사람들이 한 사람에게 주권자로서 통치할 수 있는 권리를 준다면, 사람들은 그에게 군대를 유지하기 위해 돈을 거둘 권리와 재판관을 임명할 권리도 함께 넘겨준 것으로 이해된다.[108]

사회계약에 의해 통치권을 갖게 되면 또한 그 통치권을 유지할 수단도 갖게 된다. 이것이 주권자의 특징이다. 홉스는 이어 주권자의 권리를 다음과 같이 열거하고 있다.

(1) 국민은 정치 체제를 바꿀 수 없다. 국민은 계약을 했기 때문에 이전의 계약에 대해서는 의무가 없는 것으로 이해될 수 있다. 그리고 이미 계약에 의해 국가를 설립한 국민은 주권자의 허락 없이는 다른 사람들에게 복종하는 새로운 계약을 합법적으로 체결할 수 없다.
(2) 주권은 찬탈될 수 없다. 모든 사람의 인격을 떠맡는 권리는 주권자와 국민의 계약에 의해서가 아니라, 국민들 상호 간의 계약에 의해 주권자에게 주어진 것이기 때문이다.
(3) 다수가 선포한 주권자의 제도에 반항하는 것은 불의를 저지르는 일이다. 다수의 동의로 주권자가 결정되면 이에 동의하지 않은

소수도 나머지 사람들의 결정에 따라야 한다. 주권의 설립은 계약에 근거한 것이므로 어느 누구라도 주권자의 명령에 복종해야 하며, 소수도 다수가 결정한 주권자에게 복종할 것을 묵시적으로 동의한 것으로 봐야 한다.

(4) 국민이 주권자의 행위를 비판하는 것은 정당하지 않다. 모든 국민은 주권자의 모든 행위와 판단의 창조자가 되기 때문에 주권자의 행위는 국민들에게 유해한 것이 될 수 없으며, 결국 주권자의 행위를 비난하는 것은 자기 자신을 비난하는 것이 된다.

(5) 국민은 주권자가 어떤 행위를 하든 처벌할 수 없다. 모든 국민은 주권자의 행위의 창조자이므로 이는 자신이 저지른 행위로 말미암아 타인인 주권자를 처벌하는 것이 되기 때문이다.

(6) 주권자는 국민의 평화와 방위에 필요한 사항에 관한 재판관이다. 국가 제도의 목적은 모든 사람의 평화와 방위이기 때문에, 이 목적을 위해 권리를 가진 사람은 누구나 그 수단에 대한 권리를 지닌다. 평화와 방위의 수단을 판정하고, 또한 그것을 방해하고 교란하는 것을 판정하는 권리는 주권자에 속한다. 또 주권자는 국민이 배워야 하는 이론이 무엇인가를 결정하는 재판관이다. 평화에 유익한 사상과 이론이 무엇인가를 판정하고 결과적으로 어느 경우에 무엇을 누구에게 가르치도록 할 것인가를 결정하는 것도 주권에 추가된다.

(7) 국민의 행위 규칙을 제정하는 입법권은 주권자에게 속한다. 따라서 국민의 행위와 관련된 소유권이나 선과 악, 합법성 여부 따위

에 관한 준칙인 시민법은 주권자의 입법권에서 비롯된다.

(8) 사법권도 주권자에게 속한다. 모든 사람에게는 자신을 보존하려는 선천적, 필연적 욕망에 따라 개인의 힘으로 자기 자신을 보호하려는 권리가 남아 있는데, 이는 전쟁 상태이며 국가가 설립된 목적에 어긋나기 때문이다.

(9) 주권자는 그가 최선이라고 생각하는 데 따라 전쟁과 평화를 조성하는 권리를 가진다. 그러므로 주권자는 공공 이익과 군사력 따위를 감안해 전쟁을 벌이거나 적과 화해할 권한을 지닌다. 주권자는 또 최고 사령관으로서 군대를 정비하고 지휘할 권한이 있다.

(10)주권자는 전시와 평상시에 모든 자문관과 장관, 재판관, 관리를 선임할 권리가 있다.

(11)주권자는 상벌에 관한 권리를 지닌다. 주권자에게는 그가 이전에 제정한 법에 따라 국민에게 재산이나 명예를 상으로 주거나 신체적, 금전적 형벌 또는 불명예라는 형벌을 내리는 권한이 추가된다.

(12)주권자는 국민들 상호 간에 통용될 존경의 징표로 작위나 훈장을 수여할 권리를 지닌다.[109)]

홉스는 이어 "이러한 것들이 주권의 핵심을 이루는 권리이며, 그것은 주권이 어떤 사람에게 또는 어떤 사람들의 모임(assembly)에 있는지를 식별할 수 있는 지표이다. 이러한 권리는 남에게 나눠

줄 수 없고 분리할 수도 없기 때문이다."라고 설명했다.[110]

절대 주권

주권은 절대적이며 나눌 수 없고 또 남에게 양도할 수 없는 최고의
것이다. 절대 주권은 권력을 제 맘대로 휘두르는 절대자를 연상시
킨다. 그런데 왜 홉스가 절대 주권을 강조했을까? 홉스는 절대적
인 주권이 주권의 결핍보다 낫다고 강조했다. 분쟁의 대부분은 소
수의 주권자에게 쉽사리 복종하지 않는 데서 발생하기 때문이다.

홉스의 이 같은 주장은 영국 내전의 혼란을 직접 경험한 데서
비롯된 것으로 보인다. 당시의 무정부 상태가 영국 내에 주권이
부재하거나 분할되어 있는 데 원인이 있다고 판단한 것이다. 이에
따라 홉스는 무정부 상태를 피하려면, 주권은 폐기될 수 없고 무
제한적일 뿐 아니라 분할할 수 없는 것이어야 한다고 주장하기에
이른다.

홉스는 국가의 통일을 저해하는 두 가지 원인, 곧 국가 내 주권
의 분열, 그리고 세속적 권력과 정신적 권력 간의 분열에 주목했
다. 특히 홉스는 세속적 권력과 정신적 권력 간의 갈등, 다시 말해
성직자들의 세속적 권력 추구로 일어나는 정치 혼란에 관심을 기
울였다.

홉스는 청교도 혁명이라는 이름에서 알 수 있듯이 종교 전쟁의
성격을 띠는 내전을 경험한 뒤, 종교가 천상의 영원한 보상과 처벌
을 강조하면서 시민법보다 종교법을 우위에 둘 경우 주권의 통일

을 가로막을 수 있다고 판단했다. 홉스가 국가의 주권자에게 절대적인 권력을 부여한 것은 종교 세력의 개입으로 일어나는 정치 혼란이나 무정부 상태를 막기 위한 것이었다.

또한 주권자와 국민의 관계는 쌍방 간의 계약 관계가 아니라 일방적인 권리 이양으로 성립된다는 점에 주목할 필요가 있다. 주권자의 국민이 되는 개인들 상호 간에 맺은 계약으로 국가가 수립되므로 주권자 자신은 계약 당사자가 아니라는 결론이 나온다. "그들 모두의 인격을 떠맡을 권리는 그들 중 어느 한 사람과 주권자의 계약에 의해서가 아니라 만인 상호 간의 계약에 의해서 그들의 주권자로 삼은 사람에게 주어지기 때문에 주권자가 계약을 파기하는 일이란 있을 수 없다."[111]는 것이다.

주권자의 의무

국민은 주권자와 계약을 맺은 게 아니라는 말은, 주권자가 계약 이행에 관한 자신의 역할을 성실히 수행하고 있는 한 국민이 주권자의 법과 규칙을 따라야 한다는 의미를 내포하고 있다.

주권자의 권리는 아울러 국민에 대한 주권자의 의무가 된다. 주권자는 시민법에 구속되지는 않지만 자연법과 신법(神法)에 구속되기 때문에 이 같은 의무를 지니게 된다. 내면은 물론 외적인 행동에서도 자연법에 복종해야 하는 주권자의 주된 의무는 국민의 안전을 지키는 것이다. 여기서 말하는 안전은 국민의 생명을 보존하는 것뿐만 아니라 국민 개개인이 일상생활에서 행복을 누리는 것도 포함된다.

주권자의 의무는 사람들에 대한 좋은 통치에 있다. 그리고 비록 주권
행위는 암묵적인 의지에 따라 그것에 동의하는 국민들에게 어떤 피해
도 주지 않지만, 주권 행위가 만일 사람들에게 손상을 입힐 경우 이는
자연법과 신법을 위반한 것이다.[112]

주권자에게는 국민의 안전이 최고의 의무가 되며, 소수가 아닌
다수의 공동 이익을 존중해야 할 의무가 있다. 또한 국민의 부를
증대시키고 법으로 금지되지 않는 한 국민이 자유를 누릴 수 있도
록 하는 것도 그의 의무이다.[113]

그렇다면 주권자의 의무가 미치지 않는 곳에 있는 사람은 어떨
까? 안전 보장 등 지배의 혜택을 별로 받지 못하는 사람은 여전히
자연상태에 있는 셈이고, 아무런 의무를 지지 않는다는 결론이 나
온다. 권력이 지속되고 그 권력이 개인을 보호해 주는 동안에만 의
무가 존속되기 때문이다.

개인은 무제한의 자유와 자연권이 있는 자연상태에서는 안전
을 보장받지 못하므로 자연법이라는 이성의 명령에 따라 국가를
설립하게 된다. 어떤 면에서 보면 자연상태의 개인과 사회계약에
의한 국가는 대립적 요소를 지니고 있다.

하지만 홉스는 어떤 사람이 자신의 이익에 대해 적절하고도 합
리적으로 이해하고 있다면, 절대 주권에 의해 강요된 정치 질서가

언제나 개인의 이익 추구보다 앞선다는 인식에 이를 것이라고 판단했다. 자연상태에서 무제한의 자유는 인간을 파멸로 이끈다는 것을 누구나 알 수 있기 때문이다. 개인이 자기 보존을 목적으로 개인과 국가를 조화시키는 것이, 내용면에서는 인간의 이성 곧 자연법이며, 형식면에서는 사회계약이다. 다시 말해, 자연법과 사회계약은 개인과 국가를 조화시키면서 아울러 자연상태의 개인을 국가 구성원인 개인으로 비약시켜 준다.

결국 홉스의 정치 사상에 나타나는 개인과 국가의 조화, 또는 국가에 의한 자연권의 흡수는, 하나의 '인격'인 국가라는 개념의 밑바탕이 되었다.[114] 말하자면 홉스는 모든 사람이 자신이 원하는 것을 얻으려고 노력한다는 주장에 머무른 것이 아니다. 바로 이런 행위가 사회계약에 의한 국가의 생성을 거쳐 사회 질서와 양립할 수 있다는 주장을 내세운 것이다. 이것이야말로 홉스가 펼친 국가 이론의 핵심 내용이다.

근대 국가 13

이 장에서는 홉스의 정치 사상에 나타나는 근대 국가의 모습을 살펴보자. 무엇보다 홉스는 중세에서 근대로 변화하는 과정에서 떠오르고 있던 근대 국가라는 새로운 정치 조직체에 주목했다. 홉스가 국가라는 개념에 주목하게 된 배경은 무엇일까? 그리고 국가가무엇이며 어떤 것이어야 한다고 생각했을까?

국가 개념의 기원

먼저 국가라는 낱말의 기원을 알아보자. 근대에 들어서면서 고대의 도시국가(polis)나 중세의 왕국(realm), 제국(empire)과 다른 새로운 개념인 '국가'(state)가 모습을 드러내기 시작한다. 당시 사람들은 15세기 말부터 서유럽에서 새로운 종류의 정치적 결사체(association)가 등장하고 있다는 사실을 인식하면서 이 새로운 현상을 특징짓는 적절한 말을 찾으려 했다. 그 결과 영어의 state, 프랑스어의 état, 독일어의 Staat라는 말이 쓰이기 시작했다. 이는 모두 라틴어의 status에서 파생된 말이다.

중세 시대에 status는 주로 비정치적인 것, 곧 신분이나 지위를 가리키는 말이었고, 정치적 결사체를 뜻하는 단어로는 쓰이지 않았다. 지금도 영어의 status는 신분이나 지위 따위를 의미한다. 16세기 들어 라틴어 status는 정체(政體)를 의미하면서 명확히 정치적인 의미를 띠게 되었다. 홉스보다 한 세기 전에 살았던 이탈리아의 정치 사상가 니콜로 마키아벨리는 'stato'라는 말을 중시했다. 그가 새로운 국가 개념에 기여한 것은 국가가 자율적인 인간의 의지로 성취되는 것이라는 시각을 제시한 데 있다. 하지만 마키아벨리도 stato를 경우에 따라 지위를 의미하기도 하고 국가를 의미하기도 하는 것으로 혼용했다.

국가(state)라는 말은 17세기 초 프랑스에서 오늘날과 같은 의미의 기본적인 법 개념으로 자리잡았다. 이때부터 국가는 단일 주권자가 지배하는 영토 단위를 가리키게 되었다. 이 국가는 국왕에 충성하는 정부, 국왕의 생애와 관계 없이 유지되는 관료 기구, 공통의 주권 아래서 정서적 일체감을 지닌 공동체로 이루어진다.

홉스는 17세기 중반 프랑스에서 망명 생활을 한 적이 있으므로 이 같은 새로운 개념에 주목했을 듯싶다. state 외에 홉스가 국가를 표현할 때 즐겨 사용했던 'commonwealth'라는 말은 중세의 그리스도교 국가(Christian Commonwealth)에서 비롯된 것이다. 이 '그리스도교 국가'는 일반적 복지를 위해 공동 협력하는 단일 기구의 공동 구성원들을 가리키는 개념이다. state 개념이 뒤늦게 도입된 영국에서는 commonwealth라는 용어가 헨리 8세 집권 기간의 주요 정치가인 토머스 크롬웰(1485~1540)*과 그를 따르는 지식인들 사이에 유행한 뒤 한동안 널리 사용되었다.

국가란 무엇인가?

넓은 의미에서 볼 때 국가는 어느 시대, 어느 지역에도 존재해 왔다고 볼 수 있을 만큼 가장 보편적인 인간 집단이며 일관성 있게 그 속성을 유지해 오고 있다. 국가는 대체로 안정된 질서를 요구하는 개인들이 있기 때문에 존재한다고 할 수 있다.

국가의 기본 기능은 국가 구성원의 갈등을 완화시켜 내부 질서를 지키고 외부의 침해로부터 안전을 유지하는 데 있다. 특히 국가는 경우에 따라 경찰, 군대 같은 강제력을 동원해 국가가 정한 법이나 규칙을 지킬 것을 국가 구성원에게 강요할 수 있다. 특정 영토 안에서 행사되는 국가의 보편적 관할권은 그곳에 사는 모든 사람이 국가의 법률에 종속된다는 것을 의미한다. 다시 말해 국가의 법률은 최종적인 권위를 지닌다. 한 국가의 영토 안에 살고 있는 사람들은 국가를 좋아하건 좋아하지 않건 국가의 법률에 복종해야 한다. 그 국가를 좋아하지 않는다면 다른 곳으로 이주할 수도 있지만, 그렇게 되면 새로 이주한 국가의 법률에 따라야 한다. 지구상에 국가 관할권에 포함되어 있지 않은 지역은 없다.

국가는 일정한 땅을 점유하고 있는 주민을 통제하는 하나의 조

---

*토머스 크롬웰은 16세기 초 영국 국왕 헨리 8세 밑에서 절대 군주권의 확립, 행정 기구 개혁, 종교개혁에 기여한 정치가로, 청교도 혁명의 주역인 올리버 크롬웰보다 한 세기 전 시대의 인물이다. 올리버 크롬웰은 토머스 크롬웰의 누이인 캐서린 크롬웰의 손자이다.

직체이다. 일반적으로, (1) 같은 영토 안에서 작동하는 다른 조직 체들과 차별화되며, (2) 자율적이며, (3) 중앙집권화되어 있으며, (4) 그 하위 기구들이 서로 질서 정연하게 조화될 경우 이를 국가 (state)라고 한다.[115]

이것은 어디까지나 근대에 와서 이루어진 국가 개념이다. 근대 이전 중세 시대 유럽의 왕국들은 주민의 안전을 제대로 책임지지 못했고, 그들에게 최고의 충성을 요구하거나 충성을 강제하지도 못했다. 그렇기 때문에 국왕은 강력한 권위를 내세울 만한 처지가 아니었다. 서양의 중세 시대를 배경으로 한 영화나 소설을 보면 왕은 유력한 봉건 영주들의 견제를 받아 제 목소리를 내지 못하는 경우가 많다. 아울러 주민들은 국왕보다는 자신이 속한 봉건 영주에게 더 큰 충성심을 보이곤 한다. 봉건 영주가 주민을 착취한 경우도 적잖았지만 아무튼 주민을 보호해 주는 일을 봉건 영주가 맡았기 때문이다. 다시 말해 그 당시 사람들의 입장에선 국왕은 너무 멀리 있고 봉건 영주는 가까운 데 있었다. 상징적인 지위는 국왕이 높았지만 실제 권력이나 사는 형편은 대규모 영지를 직접 관할하는 영주보다 그다지 낫지 않았다.

근대적 국가 개념

봉건 시대의 전통과 관습의 속박이 느슨해지면서 정치적 권위, 법, 권리, 복종의 본질과 한계에 관한 논의가 유럽 정치 사상의 주요 현안으로 떠올랐다. 16세기 말에 들어서 국가 개념이 중요한 정치 분석의 대상이 되었다. 특히 국가라는 개념이 주목받은 것은 합법적 권위를 둘러싼 군주와 귀족의 갈등, 지나치게 많은 세금과 사회적 의무 부담에 맞선 농민 반란, 교역과 시장의 확산, 인본주의(humanism)를 앞세운 르네상스 문화의 번성, 영국·프랑스·스페인 같은 유럽 중심부의 군주제 강화, 가톨릭교회의 권위에 대한 도전과 종교 분쟁 때문이었다.

근대의 국가 개념은 우리가 홉스의 사상에서 살펴본 바와 같이, 국가가 자연적으로 존재하는 것이 아니라 개인들에 의해 인위적으로 설립된다고 보는 것이다. 이러한 생각은 인간의 주체성과 개인에 대한 자각이 확립된 근대 초기부터 널리 퍼졌다. 이것은 '인위적인 국가'(artificial state)라는 개념이 시작된 것을 의미한다. 국가는 개인들의 동의로 설립되는 것이라는, 이른바 사회계약설이 인위적인 국가 개념의 토대가 되었다. 이때부터 개인이라는 개념도 정치적 의미를 지니기 시작했다.

개인을 위한 국가

개인들의 동의에 기초해 국가를 설립하게 되는 것은 질서와 안전 보장 등 어떤 목적이 있기 때문이다. 다시 말해 개인은 국가에서 어떤 효용을 발견하기 때문에 국가의 설립에 동의하게 된다. 이런 논리에 근거해, 국가의 합법성은 그 효용에서 나오며 국가는 그 자체가 목적이 아니라 개인들을 위한 수단이라고 보는 견해가 나타나게 된다.

이와 관련해 16세기 무렵부터 유럽에 나타나기 시작한 '신민 (臣民)으로서의 개인'이라는 개념은 근대 국가 성립의 한 징후였다. 신민으로서의 개인은 중세 시대의 지방분권주의에 반대해, 개인이 주권자의 지배에 복종한다는 의미를 띠고 있다. 평민들은 이제 스스로를 봉건 영주의 장원에 속한 게 아니라 국왕에 충성하는 존재로 판단하게 되었다.

근대 국가는 봉건 영주들이 관할하던 각 지역을 흡수하는 통합 운동의 산물이자, 신성로마제국과 같은 중세 시대 제국과 왕국이 붕괴되면서 출현하게 되는 분열 운동의 산물이다. 다시 말해 중세 시대의 거대한 제국과 왕국은 각 지역 봉건 영주를 중심으로 유지되었지만, 근대 들어 대규모 제국과 왕국이 무너지고 제국이나 왕국에서 큰 권한이 없던 군주나 유력한 영주가 특정 지역을 통합하면서 근대 국가가 모습을 드러낸 것이다.

근대 국가가 성립되기까지

근대 국가가 성립되는 과정에서 군주는 중앙으로 집중된 절대 권력을 주권이라는 이름으로 확보하게 되었다. 아울러 각 개인과 집단은 권리라는 새로운 용어에서 비롯된 특권을 지니게 되었다. 특히 새로운 주권 국가는 평등한 개인을 그 주권 아래 결합시키는 역할을 맡게 되었다. 홉스의 사회계약론은 이를 이론적으로 뒷받침했다.

이 같은 변화는 종교개혁 이후 단일 영토 안에서 종교적, 정치적 분파들 간에 벌어진 유혈 충돌을 중단시켜야 한다는 시대적 요구에 따라 이루어진 것이다. 그때 도시를 발판으로 자본주의 생산 양식이 확산되고 해외 식민지 개발에 속도가 붙으면서 유럽 경제가 활력을 띠고 있었다는 것도 변화의 원인으로 꼽는다.

근대 초기에 국가는 절대 왕정의 형태로 떠올랐으며, 이는 귀족의 몰락과 부유한 상인 계층을 중심으로 한 부르주아의 대두를 배경으로 한다. 상호 대립하는 귀족과 부르주아 세력 사이에서 조정자 역할을 하면서 이들을 초월하는 권력을 보유하게 된 절대 왕정은 봉건 사회에서 근대 시민 사회로 넘어가는 다리 역할을 했다. 절대 왕정을 유지하고 발전시킨 커다란 두 축은 관료제와 상비군 제도였다.

관료제는 특정한 역할을 수행하는 직업 관료에게 국고에서 일정한 봉급을 지급하는 방식으로 유지되었다. 국왕의 이름 아래 국정 관련 업무를 대행하는 관료의 등장에 따라 중앙집권화가 가속화되면서 절대주의 국가가 성립되었다. 관료제는 또 지방의 봉건 영주를 국왕의 관료 조직으로 흡수해 그들을 각자의 세력 본거지에서 분리시키는 효과까지 있었다. 이는 지방 영주 세력을 약화시키는 결과를 가져왔다.

관료제와 더불어 몇몇 영주들의 반발을 누르고 외국의 침입을 막기 위해 강력한 상비군 제도가 도입되었다. 기사 계급의 몰락으로 용병 제도나 자영 농민 징집 제도가 채택되었고, 국왕이 이 군대를 직접 관할함으로써 왕권이 강화되었다. 이렇게 해서 관료제와 상비군 제도는 국왕을 중심으로 한 중앙집권화의 추진력이 되었다.

17세기 들어 여론이 정치 영역에서 제 역할을 하기 시작했다는 점도 중요한 변화이다. 인쇄술의 발달에 따라 사람들은 도시 지역에서 팸플릿 같은 형태로 자신의 의견을 불특정 다수에게 쉽게 전달할 수 있게 되었고, 이렇게 형성된 여론은 정치에 영향을 주기 시작했다.

인쇄술 외에 각종 기술의 발달은 근대 국가 성립을 촉진하는 원동력이 되었다. 예를 들면 화약과 대포가 널리 보급되어 지방 봉건 영주의 성채나 요새를 무력화하면서 귀족 세력을 약화시켰다. 또한 펜과 잉크가 널리 보급되어 기록을 생명으로 하는 관료주의의 발전을 가져왔고, 사람들의 신원을 확인할 수 있는 일종의 신분증이 만들어져 국왕과 관료 기구의 통제력을 강화하는 계기가 되었다. 지도 제작술의 발달로 국경을 정확하게 획정할 수 있게 되었다는 점도 눈여겨볼 만한 변화이다.

자연상태와 국가가 성립된 상태의 차이

이러한 시대적 배경에서 홉스는 주권자의 권위 외엔 무정부 상태를 벗어날 대안이 없으며, 분할할 수 없는 단일한 권력 외에는 국가의 분열을 막을 수 있는 대안이 없다고 판단했다. 홉스는 자연상태와 국가가 성립된 상태의 차이를 다음과 같이 묘사한다.

시민 정부의 상태를 벗어난 모든 사람은 완전하지만 헛된 자유를 구가
하게 된다. (……) 끝으로 국가 밖에는 정념, 전쟁, 공포, 빈곤, 게으름,
고독, 야만, 무지, 잔혹함의 지배가 있지만, 국가 안에는 이성, 평화, 안
전, 부, 예절, 사회, 기품, 학문, 그리고 자비의 지배가 있다.[116]

홉스가 볼 때 국가는 개인이 자유를 구가하게끔 하기 위해서가
아니라, 개인을 파멸로 이끄는 자유로부터 개인을 구하기 위해 형
성되는 것이다.

더욱이 중세 사회와 달리 교회를 통한 구제를 전적으로 믿지
않는 사람에게는 정치 사회를 통하는 것 외엔 다른 길이 없었다.
홉스는 인간이 스스로를 구제할 수 있다고 믿지 않았고, 그의 급진
적인 세속주의는 교회와는 다른 구제책을 추구하도록 했다. 홉스
는 중세 사상에 지대한 영향을 미친 사상가 아우구스티누스(354∼
430)*의 국가 개념에 나타나는 것처럼 국가를 타락한 인간 본성에
대한 구제 방법으로 생각했지만, 홉스의 견해는 어디까지나 세속
적인 것이었다. 홉스에게는 인간이 벗어나야 하는 타락의 상태가
죄악이 아니라 자연적 정념이었던 것이다.

국가는 자연적인가 인위적인가
아리스토텔레스로 대표되는 전통적인 정치 철학에서는 자연에 부

---

*아우구스티누스는 저서 『신국론』(The City of God)에서 현실의 국가는 신의 뜻에 따라 죄악의
근절과 인간 구제를 위해 존재한다고 지적했다.

합하는 것이 최선의 정치 질서였으나 홉스는 인위적 국가 개념을
제시한다. 먼저 아리스토텔레스는 국가의 형성 과정을 다음과 같
이 설명한다. 여기서 아리스토텔레스가 말하는 국가는 도시국가
이다.

> 날마다 되풀이되는 필요를 충족시키기 위해 자연적으로 이루어지는
> 최초의 공동체 형태는 가족이다. (……) 그 다음의 공동체 형태는 마
> 을이다. 마을은 하나 이상의 가족이 모여 이루어지는 최초의 공동체인
> 데, 날마다 되풀이되는 필요 이상의 것을 충족시키기 위한 것이다.
> (……) 우리는 여러 마을로 형성되는 최종적이고 완벽한 공동체에 이
> 르게 되는데 이것이 바로 국가(polis)이다. 이 공동체는 말하자면 완
> 전한 자급자족을 이룬 것이다. 더 정확하게 말하면 국가란 오로지 생
> 존을 추구하면서 성장하며 성장 단계에서는 아직도 완전한 자급자족
> 에 미치지 못한다. 국가가 완전히 성숙하고 나면 이제는 좋은 생활을
> 위해 존재하며, 따라서 이 단계에 이르러서는 완전히 자급자족한다고
> 할 수 있다.[117]

아리스토텔레스는 국가가 인위적으로 만들어진 것이 아니라
자연적으로 존재하는 것이라고 보았으며, 국가의 기원에 관한 이
주장은 중세 말기까지 권위 있는 해석으로 받아들여졌다.

국가는 자연적으로 존재하는 공동체들의 완성이기 때문에 모든 국가

는 자연적으로 존재하는 것이며, 국가 성립 이전의 다른 공동체들과 똑같은 성격을 띠는 것이다. 국가는 이런 여러 공동체들의 종착역이며 최고의 단계이다. 사물의 본성이란 바로 그것의 최후의 형태 또는 완성에 있는 것이다.[118]

그러나 홉스에 따르면, 자연 중에서도 합리적이면서 가장 뛰어난 작품이 인간인데 이 인간을 모방해 국가라 일컫는 거대한 리바이어던이 창조된다. 다시 말해 그는 국가를 하나의 인공적 인간이라고 보고 있다.[119]

인위적 국가론은 인간을 이기적인 존재로 파악하는 인간관에 따른 필연적 결론이기도 하다. 꿀벌이나 개미는 본능에 의해, 곧 자연적으로 공동생활을 하지만, 인간의 본능은 끝없는 욕망을 추구하기 때문에 사회생활을 저해한다. 아리스토텔레스와 달리 홉스는 인간이 본성적으로 사회적·정치적 존재인지에 대해 회의적이다. 그가 보기에 인간은 본성적으로 사회적·정치적 존재가 아니라 이성에 의해 사회적·정치적 존재가 된다. 인간의 투쟁 상태인 자연상태로부터 인간의 계산 능력인 이성의 추론을 통해 국가는 인위적으로 생성될 수밖에 없는 것이다.

결국 국가는 개인들의 동의에 따른 사회계약으로 성립되므로 홉스가 추론해 낸 국가는 인위적인 것이 된다. 또 그 국가는, 자연이 신의 자유로운 창조물인 것과 마찬가지로, 개인들의 의지에 따른 자유로운 창조물이다. 따라서 국가는 신이 아니라 인간의 권위에 기초를 두게 된다.

이제 홉스의 국가 이론을 시대적 배경과 연결시켜 살펴보자. 홉스는 고전적인 정치 전통에 기초를 둔 여러 제도의 권위가 무너졌기 때문에 근대 사회의 새로운 권위는 개인의 자유로운 의지의 창조물이어야 한다고 생각했다. 홉스는 특히 내전을 겪으면서 인간 사회에 작용하는 원심력을 관찰했고, 이러한 사태를 치유할 수 있는 처방으로 강력하고도 단일한 주권을 지닌 국가를 제시했다.

무엇보다 이러한 권력이 왕, 귀족, 하원들 간에 분할되어 있다는, 영국 대부분에서 받아들여진 견해가 없었더라면, 국민들은 결코 분열되지 않았을 것이며 내전에 휩쓸리지도 않았을 것이다.[120]

홉스가 말한 '영국 대부분에서 받아들여진 견해'는 혼합 정체론을 의미한다. 홉스 시대에는 권력의 분할을 지지한 사람들이 많았다. 이들은 혼합 정체론*이라는 고전적 학설에 기대고 있었는데, 이 학설에 따르면 최선의 정부 형태는 아리스토텔레스가 지적한 세 가지 정부 형태, 곧 군주정, 귀족정, 민주정을 혼합해 알맞게

*혼합 정체론은 나중에 삼권 분립론으로 발전되어 오늘날에 이르고 있다. 삼권 분립론은 입법부, 사법부, 행정부가 각각 입법권, 사법권, 행정권을 분담해 행사하도록 함으로써 권력 집중의 폐해를 막자는 것이다. 영국 사상가 존 로크는 1690년 『정부론』(Two Treatises of Government)에서 국가 권력이 입법권과 행정권으로 나누어져야 한다고 주장했다. 그 후 프랑스 사상가 몽테스키외(1696~1755)는 1748년 저서 『법의 정신』(The Spirit of the Laws)에서 국가 권력이 입법부, 사법부, 행정부 같은 개별적으로 독립된 기관으로 분장되어야 한다고 밝혔다.

뒤섞은 것이다. 영국의 법 이론가들은 영국이라는 국가를 머리(국왕)와 수족(성직자, 귀족, 평민의 세 계급)으로 구성된 하나의 정치 조직체로 묘사하곤 했다. 국왕에 맞서 의회의 특권을 지지하는 사람들이 이 혼합 정체론을 이론적 근거로 내세웠다.

홉스는 영국 내전으로 생긴 혼란을 극복하기 위해, 예측 가능한 방식으로 기능하는 중앙집권 국가로의 통일을 모색했다. 더불어 중앙집권 국가로의 통일이 합리적인 과정과 절차를 거쳐 이루어져야 한다고 여겼다.

홉스의 국가와 오늘날의 국가

오늘날의 국가는 다음과 같은 공통점을 지닌다. 첫째, 국가는 교육, 주거, 보건, 복지 같은 노동력의 유지와 재생산에 필요한 기능 가운데 중요한 부분을 떠맡고 있으며 이 기능을 점차 확대해 왔다. 둘째, 국가는 통제와 감독의 기능을 강화해 왔다. 이 때문에 국가가 억압적인 성격을 띠게 되었다고 주장하는 사람들도 있다. 셋째, 국가의 기능은 중앙집권화되었다. 다시 말해, 지방 정부 기능이 점차 중앙집권화된 국가 관료제로 통합된 것이다.

이 같은 근대 국가의 모습에서 홉스의 '리바이어던'을 찾아볼 수 있다. 오늘날의 국가는 이미 강력한 힘을 지닌 거대한 괴물이 되어 있기 때문이다. 홉스의 국가론을 절대 왕정 옹호론으로만 봐서는 안 되는 이유가 여기에 있다. 홉스는 『리바이어던』에서 절대 왕정을 옹호하는 듯한 인상을 남겼지만 그가 왕정을 전제로 국가론을 제기한 것은 아니다. 오히려 홉스가 오늘날의 국가를 예견했다고 보는 게 타당성이 높다.

근대 국가는 비인격성을 특징으로 한다. 홉스가 국가를 하나의 인격으로 파악한 점은 아직 전근대적인 사고의 틀을 벗어나지 못한 측면으로 해석할 수 있다. 국가를 하나의 인격으로 본 것은 법인(法人) 개념과 관련이 있다. 법인은 자연인이 아닌 법률상으로 인격이 주어진 권리, 의무의 주체를 말한다. 일상적으로 회사나 노동조합, 협동조합처럼 일정한 목적으로 결합한 사람들의 단체나 재산의 집합을 가리킨다. 다시 말해 법인이라는 말은 개별 구성원과는 질적으로 다르거나 그것을 초월한 통일성 또는 동일성을 의미한다. 홉스 사상에서 주권자는 국가 전체를 대표하기 때문에 법인이라고 볼 수 있다. 홉스는 주권자가 국민의 대표자라고 보았다.

군중은 그들이 한 사람 또는 한 인격에 의해 대표될 때 하나의 인격이 된다. 그것은 특히 그 군중에 속해 있는 모든 사람의 동의로 이루어진다.[121]

이는 사실상 국민이 주권자를 통해 국가를 지배하는 것을 의미한다고 해석할 수 있다.

홉스 사상의 근대성

신앙과 이성의 조화 14

홉스는 『리바이어던』의 절반 가량을 종교에 관해 쓸 정도로 이 분야에 큰 관심을 두었다. 『리바이어던』 전체 4부 가운데 3부와 4부는 제목이 각각 '그리스도교 국가에 대하여'와 '어둠의 왕국에 대하여'이며, 제목이 말해 주는 그대로 주로 성서와 종교의 문제에 관해 할애하고 있다.

이처럼 종교에 많은 관심을 보인 것은 그가 중세의 전통적 철학 체계를 유지하려는 교회와 사상적으로 대립되는 입장에 있었기 때문이며, 또한 당시 교회와 성서가 철학에서 차지하는 비중이 그만큼 컸기 때문이기도 했다. 종교 문제는 그의 정치 사상의 지향점과 연결된다. 홉스는 교회가 전적으로 주권자에게 종속된 지위에 있어야 한다고 주장했다.

홉스 시대에는 성서를 단순히 그리스도교의 역사와 교리를 담은 책이 아니라, 모든 분야에서 가장 심오한 지혜를 담은 책으로 여겼다. 그 시대 사람들에게 성서는 모든 행동과 지식의 지침이었다. "성서는 홉스의 동시대인들이 세계를 바라보는 프리즘"[122]이었던 것이다. 이런 점에서 홉스가 그리스도교와 성서를 비중 있게 다룬 이유를 짐작할 수 있다. 홉스는 당대 사람들의 행동과 의식을 지배하던 그리스도교와 성서의 의미를 재해석하는 작업이 새로운 사상 체계를 세우는 데 필수적이라고 여겼던 것이다.

종교와 이성
홉스는 먼저 종교를 다음과 같이 설명한다.

> 사물의 자연적 원인에 대한 탐구를 거의 하지 않거나 전혀 하지 않는 사람들은 자신들에게 매우 유익하거나 매우 해롭게 하는 힘을 가진 것이 무엇인지 모르기 때문에 거기서 생기는 공포로 여러 종류의 보이지 않는 힘을 상상해서 만들어 내는 경향이 있다. 그리고 사람들은 자신들이 상상한 것을 경외하면서 고난에 처했을 때는 그것에 기원하고 큰 성공을 거두면 그것에 감사하며, 결국 자신들이 상상해 만든 것을 그들의 신으로 삼는다. (……) 이러한 보이지 않는 것에 대한 공포 때문에 사람들은 자신의 경우에는 종교라 일컫고 자기들과 다른 힘을 숭배하거나 두려워하는 것은 미신이라 일컫는 일이 생겨났다.[123]

여기서 홉스는 종교가 공포에 의해 생긴 허상이라고 주장한 것은 아니다. 인간의 이성에 근거를 두지 않는 종교가 허상이라는 것이다. 그래서 홉스는 사람들이 신앙과 관련해 성직자를 비롯한 다른 사람들의 말을 맹목적으로 좇을 게 아니라 자신의 이성을 따라야 한다고 주장한다.

우리는 모든 사람이 원하던 대로 바울이나 게바, 아볼로를 따랐던 초기 그리스도교도들의 독립성으로 되돌아가게 되었다. 만일 논쟁을 벌이지도 않고, 성직자의 인격에 영향을 받아(이는 고린도 전서에서 사도가 비난한 오류이다) 그리스도교의 교의를 판정하지 않게 된다면, 아마 그것이 가장 좋을 것이다. 그 이유는 첫째로 사람들의 양심을 지배하는 것은 모든 사람 속에서 신앙을 일으키는 말 자체의 힘 외에는 있을 수 없기 때문이다. 말의 힘은 반드시 심고 물을 주는 사람의 목적을 따르는 게 아니라, 신의 목적을 따르는 것이다. 둘째로 스스로 이성을 가진 사람에게 어떤 다른 사람의 이성이나 다른 사람들 중 다수의 의견에 근거한 이성을 따르라고 요구하는 것은 합리적이지 않기 때문이다.[124]

이탈리아의 기호학자이자 소설가인 움베르토 에코가 쓴 소설 『장미의 이름』(*The Name of the Rose*)을 보자. 장 자크 아노 감독이 연출하고 숀 코너리가 주연한 같은 제목의 영화 원작이 바로 이 소설이다. 중세 시대 이탈리아의 한 수도원을 배경으로 한 이 소설에서, 주인공 윌리엄 신부는 수도원 안에서 벌어진 연쇄 살인 사건의 범인을 추적하던 중 수도원 도서관에 보관된 아리스토텔레스의 『시학』(*Poetica*) 희극 편을 은폐하려는 음모가 있음을 알게 된다. 연쇄 살인 사건의 주모자인 수도원의 맹인 수도사는 웃음이 두려움을 없애 신앙심을 약화시킨다는 판단에 따라 이 책에 독을 묻혀 놓았다. 그래서 이 책을 읽은 사람은 모두 목숨을 잃게 되었던

『장미의 이름』

움베르토 에코의 소설 『장미의 이름』은 이성을 추구하는 윌리엄 신부와 광신에 가까운 맹목적 신앙에 사로잡힌 맹인 수도사를 대립시킴으로써 인간과 종교의 본질을 생각하게 만든다. 아래는 영화 '장미의 이름'의 한 장면. 왼쪽 배우가 윌리엄 신부 역을 맡은 숀 코너리이다.

것이다. 수도사는 자신의 음모가 드러나자 이 책과 함께 화염에 휩싸인 도서관에서 죽음을 맞는다. 『시학』은 현재 비극 편만 있고 희극 편은 남아 있지 않은데 이 점이 소설의 모티프가 된 것으로 보인다.

이성을 추구하는 윌리엄 신부와 광신에 가까운 맹목적 신앙에 목숨을 거는 수도사를 대립시키는 구도로 짜인 이 소설에는 당시 기득권 세력이 된 교회가 어떻게 스스로를 유지하려고 했는지가 잘 드러난다. 홉스가 종교에서 이성을 강조한 것도 같은 맥락에서 이해할 수 있다.

홉스는 교황의 권위가 무너지고 종교개혁이 진행되던 시대 상황 속에서 당시 교황 제도를 신랄하게 비판했다.

만일 이 거대한 교회 지배권의 근원을 고찰한다면, 교황 제도는 이미 죽어 없어진 로마 제국의 무덤 위에 왕관을 쓰고 앉아 있는 유령에 지나지 않는다는 것을 알게 될 것이다.[125]

홉스는 자신의 독창적인 정치 사상을 그리스도교 신자인 독자들에게 설득력 있게 제시하기 위해서, 신앙을 새로운 각도에서 조명해 재해석하려고 했다. 짐작하겠지만 당시 그의 작품에서 제기된 신학적 주장은 그의 정치 이론보다 더 큰 분노를 불러일으켰다. 홉스의 정치 사상은 특히 수많은 성직자들의 비난을 받았다. 종교에 대한 그의 이성 중심적이고 비판적인 태도는 확실히 성직자들의 위상을 위협하는 것이었다.

　17세기 영국에서 교회의 권위와 기능에 관한 논의는 정치 논쟁의 핵심이었다. 당시의 높은 문맹률과 사회 활동의 제약을 고려하면, 성직자는 지식인 역할을 거의 독점하다시피 했고 교회는 이념 전파 수단으로 큰 몫을 했다는 점을 쉽게 알 수 있다. 홉스는 정치권력에 대한 복종의 근거가 그리스도교 교리가 아니라 이성, 곧 자기 이익에 바탕을 둔 계산에서 비롯된다고 지적했으며, 성직자들을 중심으로 한 세력은 이 주장에 거세게 반발했다.

맹목적 신앙에 대한 비판

홉스 사상의 일차적 목표는 어떻게 하면 잘 조직된, 지속성 있는 국가를 형성할 수 있는지를 논증하는 것이었으며, 종교에 대한 논의는 그러한 국가의 형성을 준비하는 데 도움이 되는 것에 목적이 있었다.

　홉스는 독자들에게 낡은 사고방식에서 빠져나와 세계와 그들이 처한 위치를 돌이켜볼 수 있도록 지적인 자극을 주려 했다. 종교에 대한 그의 해석은 큰 설계의 일부분일 뿐이다. 그가 그린 밑그림은 사람들을 더 합리적이고 예측 가능한 존재로 변화시키고, 그들을 새로운 형태의 정치 사회의 구성원이 되는 데 적합하게 만들려는 것이었다.

　홉스의 시대에는 명백한 과학적 진리를 말하는 사람들이 종교적 권위에 의해 처벌받고 있었다. 이에 홉스는 갈릴레이의 재판을 예로 들면서 교회가 사람들을 지배할 권력을 가질 경우 벌어질 해악을 설명했다. 갈릴레이는 1613년에 지동설을 주장했다는 이유로 종교재판소에 회부된 뒤 로마 교황청에 소환되어 유폐당했다가 석방되었다. 그는 석방된 뒤 "그래도 지구는 돈다."고 말한 것으로 전해진다.

> 지구 정반대 위치에 대척지(對蹠地)가 있다는 것은 우리가 여러 차례 경험한 항해에서 명백히 드러났고, 인문과학을 배운 모든 사람이 이를 인정하고 있다. 그리고 한 해와 하루가 지구의 운동으로 결정된다는 것은 나날이 더 분명해지고 있다. 그런데도 사람들이 저술 활동을 통해 그런 학설을 가정해 찬성과 반대의 이유를 밝혀 놓으면 교회의 권위에 의해 처벌되었다. 그러나 그 처벌에 어떤 이유가 있는 것인가? 그런 의견이 진정한 종교에 적합하지 않기 때문인가?[126]

홉스는 지구가 둥글고 지구의 자전이 하루를 결정한다는 명백한 자연적 사실이 종교에 배치되지 않는다는 점을 강조하고 있다. 그런데 교회는 자명한 사실을 감춤으로써 스스로 권위를 떨어뜨리고 있었다.

홉스는 근대적 지동설을 내놓은 폴란드의 천문학자 코페르니쿠스와 지동설을 입증한 갈릴레이가 제시한 새로운 과학이 종교를 궁지로 몰아넣는 도전에 대해 해답을 구함과 동시에 정치적 목적에 종교가 악용되는 것을 막으려고 했다. 이 두 가지 쟁점에 관한 홉스의 목표는 첫째, 성서의 독특한 종교적 내용이 새로운 과학과 조화될 수 있다는 것을 보여 주고, 둘째, 종교는 정부를 동요시키는 데 합법적으로 사용될 수 없다는 것을 입증하려는 데 있었다.[127]

홉스는 맹목적인 신앙이 기존 권위 전체에 대해 사람들의 불복종을 불러일으킬 수 있다고 보았다. 홉스에 따르면 맹목적 신앙은 생명보다 더 중요한 게 있다고 믿도록 만드는 데 근본적인 문제가 있다. 맹목적 신앙에는 합리적인 제재가 통하지 않기 때문이다. 그래서 홉스는 맹목적 신앙이 지속성 있는 국가의 설립과 유지를 불가능하게 한다고 강조했다.

주권 외의 다른 어떤 것이 생명보다 더 큰 보상을 주고 죽음보다 더 큰 처벌을 가하는 힘을 가진 곳에서는 국가가 유지될 수 없다.[128]

홉스는 영혼 불멸에 대한 맹목적인 추구뿐 아니라 예언이나 기적에 대한 신념이 그리스도교 신자들의 행위에 미치는 영향도 국가에 위험을 불러온다고 보았다. 이 같은 신념들이 실타래처럼 얽혀 흔히 기적과 같은 초자연적인 사건에 대한 불합리한 관념을 만들어 내는데, 이것이야말로 신이 자연현상의 작동을 관할하기 위해 만든 법을 방해한다는 것이다.

홉스가 살던 시대만 해도 여전히 교회 성직자들은 사람들의 사고방식이나 생활양식에 막대한 영향력을 끼쳤다. 홉스가 지적한

대로 당시 교회의 영향력은 무지한 사람들의 근거 없는 공포에 뿌리를 둔 것으로 보인다.

홉스의 종교관은 그의 사상에서 중요한 부분을 차지하지만 동시대에 살던 많은 사람들한테 무신론이라고 비난받는 결과를 가져왔다.

홉스 사상과 종교

그런데 홉스는 진정 그리스도교 교리와 자신의 사상이 조화로울 수 있다고 믿었을까? 이와 관련해 홉스 연구가인 레이먼 레모스는 "홉스가 그의 정치 철학의 결론이 그리스도교 계시와 조화될 수 있다고 진심으로 믿었다는 것은 의문의 여지가 없다."고 말한다.

홉스는 가톨릭 사상가나 프로테스탄트 사상가들이 그리스도교 계시의 정치적 함의를 충분히 이해하지 못하고 잘못된 정치 이론에 도달했다고 믿고, 올바른 철학을 제시함으로써 잘못을 바로잡으려 했다. 다시 말해 그는 이성과 신앙 사이에, 철학과 신학 사이에 진정한 조화가 있다는 것을 보여 주려 했다.[129]

홉스가 이성과 계시 사이에 궁극적인 조화가 있다고 믿은 점에서는 중세 전통과 합치되는 것으로 보이지만, 그가 내린 결론은 기존 전통을 근본적으로 뒤흔들었다.

예를 들어 중세 그리스도교도들은 교회의 교회법과 국가의 시민법이라는 두 가지 독립된 법 체계에 따라야 했다. 더욱이 교회법 체계는 국가의 시민법과 마찬가지로 완전한 법 체계였다. 그런데 교회법과 시민법은 곧잘 충돌하곤 했다. 시민법이 부당하다고 여겨질 경우 교회법이 이 시민법에 대한 불복종을 용인하는 것은 중세 정치 사상뿐 아니라 홉스 시대의 대다수 프로테스탄트 정치 사상에서 공통된 현상이었다.

그러나 홉스는 어떤 시민법이 부당할 수 있다는 것을 인정하지 않았고, 주권자가 국민들에게 부당하게 행동할 수 있다는 것도 인정하지 않았다. 홉스는 자연권을 지키는 데 아무런 문제가 없는 한 시민법에 절대 복종해야 한다고 강조했다. 이것이 자연법과 신법의 명령이라는 게 홉스의 주장이다. 다시 말해 홉스는 중세의 우선순위를 완전히 뒤바꿔 놓았다.[130]

중세 사상가들의 입장에서는 지식의 근본 대상은 신이다. 인간 본성에 관해 알고 싶어도 사람들은 신의 본성을 연구해야 했다. 성서에 쓰인 대로 신이 자신의 이미지(형상)에 따라 인간을 만들었고 원형은 이미지보다 더 실체에 가깝기 때문이다. 홉스는 이 같은 사상을 거부했다. 인류에 관한 적절한 연구 대상은 신이 아니라 인간이라는 것이다. 그는 18세기에 꽃피게 될 휴머니즘 전통을 사상적으로 준비한 셈이다.

홉스는 아울러 종교적 개념을 세속적 개념으로 변형시켰다. 예를 들면 신이 세계를 창조한 방법에 관한 성서의 모델은 국가 창조에 관한 모델이 되었다. 이에 따라 홉스는 죽음 이후에 구원이 온다는 성서의 이념에서 벗어나 국가가 현세에서 인간을 구제한다는 데 초점을 맞추게 되었다.

종교개혁가들

위는 마르틴 루터(1483~1546)와 루터가 독일어로 번역한 성서. 아래 왼쪽은
프랑스의 칼뱅(1509~1564), 오른쪽은 스위스의 츠빙글리(1484~1531).

기존 공동체의 위기는 정치 질서의 변화뿐 아니라 16세기 말부터 17세기 초 사이에 제시된 종교 이론에서도 나타난다. 홉스는 전 생애에 걸쳐 이 같은 새로운 종교 이론의 홍수에 맞닥뜨렸다. 종교개혁에 앞장선 루터, 츠빙글리, 칼뱅이 직면한 절박한 문제는, 먼저 신교도들에게 개인주의를 고무한 후 그들에게 공동체 의식을 다시 불어넣는 것이었다. 17세기 영국이 혁명의 진통을 겪던 시기에 쏟아져 나온 다양한 종파인 침례파, 분리주의 등은 교회가 자발적 성격의 결사체라는 믿음을 고수했다. 이러한 관념은 교회의 권위가 개별 신도의 자유로운 동의에 근거한다는 계약 사상에 잘 나타나 있다. 홉스의 정치 사상은 이러한 새로운 종교 이론의 영향을 받은 것으로 보인다.

선과 악에 대한 새로운 시각 15

여러분은 선과 악이 무엇이라고 생각하는가? 만화나 텔레비전 드라마 같은 데서는 좋은 것과 나쁜 것, 좋은 사람과 나쁜 사람이 확연히 구분된다. 어린 시절에는 사물을 좋은 것과 나쁜 것으로 구분짓는 게 쉽지만, 나이가 들면 그런 양분법이 잘 통하지 않는다는 것을 알게 된다. 현실 세계에서는 좋은 것과 나쁜 것, 선과 악을 구분하는 게 그리 쉬운 일이 아니다. 그래서 고대부터 많은 사상가들이 선과 악이 무엇인지를 다루어 왔다. 홉스도 마찬가지로 선과 악이라는 주제에 대해 접근했다. 그리고 이전과는 다른 새로운 시각의 견해를 내놓았다.

선과 악에 대해서 중세 시대까지의 사상과 근대 초기 이후의 사상이 무척 대조적이다. 중세 시대까지는 시간을 초월한 영원한 삶이 인간의 최고 선(善)이었다. 인간의 이성과 본성은 신의 계시와 은총을 통해 완전한 경지에 이르게 되는 것이다.

반면에 인간 중심의 휴머니즘은 현세에 대한 인간의 욕구와 열망을 중요한 요소로 보았다. 마키아벨리와 홉스, 로크로 이어지는 근대 정치 사상가들이 인간 중심의 휴머니즘 입장을 취했는데, 이

니콜로 마키아벨리
1469~1527

마키아벨리를 비롯한 근대 사상가들은 현세에 대한
인간의 욕구와 열망을 중요한 요소로 보았다.

들의 사상은 세속적이고 현실적이다. 근대에 들어 최고 선은 주로 명예나 평화 또는 자유로 파악되었다.

인간 중심의 휴머니즘이라는 사상 조류에서도 홉스의 사상은 독특하다. 왜냐하면 홉스는 최고 악(惡)에 대한 심오한 분석을 시도했고, 최고 악의 회피를 인간의 주요 과제로 삼았기 때문이다.

선과 악의 기준

먼저 홉스가 선과 악을 어떻게 정의했는지부터 살펴보자.

홉스에 따르면 선과 악은 그 용어를 사용하는 사람들의 호감이나 혐오를 나타내기 위해 사물에 붙여진 이름이다. 어떤 사람이 어떤 사물을 '좋다(선하다)'고 말하는 것은 그가 그것을 원한다는 것을 의미한다는 것이다. 거꾸로 어떤 사람이 어떤 사물을 '나쁘다(악하다)'고 말하는 것은 그가 그것을 싫어한다는 것을 의미한다. 하지만 사람들의 성향은 일정한 게 아니라 기질이나 습관, 의견에 따라 각각 다르다.

따라서 선과 악은 사물을 좋아하거나 싫어하는 것을 나타내기 위해 만들어진 명사라는 것을 알아야 한다. 그러나 개개인의 다양한 성격, 관행, 견해에 따라 인간의 기호도 다양하다. 우리는 이것을 미각, 촉각, 후각과 같은 감각을 통해서도 알 수 있다. 하지만 우리는 이를, 어떤 사람이 높이 평가하며 '선한 것'이라고 부르는 것을 다른 사람은 과소평가하면서 '악한 것'이라 부르는 일상생활의 행동에서 훨씬 더 잘 알게 된다. 한 사람이 같은 것을 놓고 어떤 때는 칭찬하고 어떤 때는 비난하기도 한다. 그렇기 때문에 필연적으로 불화와 갈등이 발생하기 마련이다.[131]

곧, 선과 악의 기준은 개개인의 주관적인 판단에 따른다는 것이다.

인간의 정신에는 동일한 사물에 대한 욕구와 혐오, 희망과 공포가 번갈아 나타나며, 주어진 일을 행하거나 회피하는 데 따른 선하고 악한 여러 결과들이 계속해서 우리의 사고에 들어온다. 우리는 때로는 그것에 대한 욕구를, 때로는 혐오를, 때로는 희망을, 때로는 좌절이나 그것을 시도하는 데 대한 공포를 갖게 된다. 따라서 그 일이 행해지거나 아니면 불가능하다고 생각될 때까지 계속되는 욕구, 혐오, 희망, 공포의 총합을 우리는 심사숙고라고 일컫는다.[132]

사람들은 욕망이 다양하기 때문에 다양한 잣대로 선과 악을 측정하는 한 전쟁 상태에 있게 된다. 그렇다면 홉스가 생각하는 선과 악의 개념은 기존의 철학과 어떤 차이가 있을까?

전통적 사상으로부터의 탈피

홉스는 엄밀한 사상을 추구하면서 한꺼번에 여러 대상을 논박했다. 그 중 가장 유명한 상대는 아리스토텔레스였다.

아리스토텔레스와 그 밖의 이교도 철학자들은 선과 악을 인간의 욕구에 따라 정의한다. 모든 사람이 저마다 자신의 법에 따라 지배받는다면 별 문제가 없을 것이다. 왜냐하면 자신의 욕구 외에는 다른 어떤 법률도 없는 사람들에게는 선과 악의 행위에 대한 일반적인 규칙이 있을수 없기 때문이다. 그러나 국가 안에서는 이러한 척도는 그릇된 것이다. 사적인 사람의 욕구가 아니라 국가의 의지이자 욕구인 법이 척도인 것이다.[133]

홉스에 따르면, 아리스토텔레스의 철학은 선을 추구하면서도 선과 악의 척도에 대해서는 무지했다는 것이다.

이러한 선에 대한 사적인 척도는 도그마(독단적 주장)이며, 그것은 헛된 것일 뿐 아니라, 공적인 성격을 띤 국가에 치명적인 것이다.[134]

아리스토텔레스에 대한 비판은 이 정도에서 그치지 않는다. 다음과 같은 원색적인 비판도 서슴지 않는다.

내가 믿는 바로는 자연 철학에서 아리스토텔레스의 저서 『형이상학』(*Metaphysics*)이라고 일컬어지는 것보다 더 터무니없는 일은 거의 없다. 또 아리스토텔레스가 그의 저서 『정치학』(*Politics*)에서 말한 것보다 정부에 모순되는 일은 없다. 그리고 아리스토텔레스가 그의 『윤리학』(*Ethics*)에서 말한 것의 대부분처럼 무지한 것도 없다.[135]

홉스는 아리스토텔레스의 윤리학과 정치학은 개연성에 의존한 학문이었으며, 이것은 논리학보다는 수사학에 의존하는 것이라고 보았다. 좀 과장해서 표현하자면 홉스는 아리스토텔레스 사상이 논리적으로 결함이 있는 말장난에 지나지 않는다고 본 것이다. 이에 따라 홉스는 아리스토텔레스의 학설에 반대하면서 근대 자연법 이론의 가장 특징적인 원칙 중 하나인 논증할 수 있는 윤리학을 추구했다.

홉스의 또다른 상대는 당시 수적으로 우세한 스콜라 철학자[*]들이었다. 이들은 이성과 경험이 아니라 이전의 철학이 지닌 권위를 이론적 기반으로 삼았다. 이들은 타성에 의해서건 유력자를 만족시키기 위해서건 맹목적으로 과거의 철학적 권위를 추종했다.

홉스가 세 번째로 꼽은 이성의 적은 가장 위험한 상대로, 광신자, 몽상가, 기만적인 예언자 같은, 이른바 '영감을 받은 자'들이었다. 이들은 이성이 아니라 신앙심으로 말하며, 환상을 보고서 신의 계시로 받은 진리라고 오해하고, 그들 자신이 '구원받지 못할 다수'와는 다른 '구원받을 소수'라고 믿는 자만심으로 선동적인 신념을 퍼뜨렸다.

홉스는 인간은 누구나 모든 것을 결정할 수 있는 권리를 가진 평등한 존재라고 본다. 이에 따라 전통 사상이 중시했던 현명한 소

---

*스콜라 철학은 중세 유럽을 지배했던 철학의 한 유파이다. 스콜라 철학자들은 세계나 우주를 신의 상징으로 파악했으며 이에 따라 철학은 교회와 신학의 시녀로 전락했다는 평가를 받았다. 스콜라는 중세 시대의 수도원 등에 개설된 학교에서 가르치는 사람(scholasticus)에서 비롯된 말이다.

수와 현명치 못한 다수의 차이는 사라지게 된다. 이제 행위의 결정권은 개개인에게 주어지고, 따라서 모든 사람은 스스로 악을 피하고 선을 택할 수 있는 권리와 책임을 갖게 된다.

홉스의 사상이 아리스토텔레스로 대표되는 전통적인 사상에서 벗어난 것은 영원한 질서에서 인간으로 초점이 바뀐 것을 의미한다. 전통적 사상은, 인간이 국가 안에서 그리고 국가를 통해서가 아니면 인간 본성의 완전성에 도달할 수 없으며 따라서 국가는 개인보다 우월하다고 가정했다.

이에 대한 아리스토텔레스의 말을 직접 들어 보자. 아리스토텔레스는 『정치학』 첫머리를 이렇게 시작한다.

> 우리가 관찰해 보면 알 수 있듯이 모든 국가(polis)는 첫째, 공동체의 일종이며, 둘째, 모든 공동체는 어떤 좋은 것(good)을 달성하기 위해 설립되는 것이다. 왜냐하면 모든 사람은 그들이 보기에 좋은 어떤 것을 얻으려는 생각에서 행동하기 때문이다. 따라서 우리는 모든 공동체는 일정한 좋은 목적을 지니고, 모든 공동체 중에서 으뜸가며 다른 공동체들을 모두 포괄하는 어떤 특정한 공동체는 이 목적을 가장 많이 추구하며 가장 좋은 목적을 추구하는 것이라고 생각할 수 있다. 가장 중요하고 포괄적인 이 공동체가 이른바 국가, 곧 정치적 공동체이다.[136)]

특히 아리스토텔레스는 "정의는 국가에 속한다. 왜냐하면 무

아리스토텔레스
B.C. 384 ~ B.C. 322

중세에 들어서 그리스도교의 교의를 학문적으로 체계화하려는 시도가
일어났으며 이 과정에서 그리스 철학이 도입되었다. 스콜라 철학이라고
일컬어지는 중세 신학에 아리스토텔레스의 사상이 원용된다.

엇이 옳은지를 결정하는 정의는 정치적 공동체의 명령이기 때문이다."[137]라고 지적했다. 이는 아리스토텔레스가 살던 그리스 도시국가의 생활 모습이 반영된 것이다.

당시 도시국가는 개인 이익이 국가 이익에 종속되었고, 전쟁을 자주 치러야 했던 시민들은 도시국가를 위해서 죽는 것을 가장 큰 명예로 여겼다. 호메로스의 『일리아스』에 나오는 그리스 영웅 아킬레우스는 전쟁에 나가면 목숨을 잃게 된다는 신의 경고가 있었는데도 그리스 도시국가들의 명예를 지키기 위해 트로이 전쟁에 출정했고, 트로이 왕자 파리스가 쏜 화살에 맞아 전사했다. 아킬레우스는 그리스의 이상적인 영웅으로 후세에 길이 전해 오고 있다.

아리스토텔레스와 달리 홉스는 국가가 인위적인 것이며, 국가의 목적은 개인의 안전과 평화를 보장해 주는 데 있다고 주장했다. 홉스는 또한 무엇이 옳고 그른지, 무엇이 선하고 악한지를 판단하는 것도 개인에게 맡겼다.

홉스의 선과 악

홉스는 최고 선을 중시하는 전통적 사상을 거부한다. 그는 예법에 대해 "인류가 화합 속에 함께 살아가는 것에 관한 인류의 특성을 의미한다."고 설명하면서, "이러한 목적을 위해서 우리는 이러한 삶의 행복이 근심 없는 정신의 평안함에 있지 않다는 것을 염두에 두어야 할 것이다."[138]라고 강조했다.

왜냐하면 옛날의 도덕 철학자들의 책에 서술된 것과 같은 궁극적 목적이나 최고 선은 존재하지 않기 때문이다. (……) 감각과 상상력이 멎어 버린 사람이 더 이상 살 수 없는 것 못지않게, 욕망이 사라진 사람도 더 이상 살 수 없다. 행복은 한 대상에서 다른 대상으로 욕망이 계속 이동하는 것을 말한다. (……) 그것의 원인은 인간이 그 대상을 단 한 번만, 그리고 한순간만 향유하는 데서 욕구를 그치는 것이 아니라, 장래에 욕구하게 될 것까지 끊임없이 확보하려는 데 있다.[139)]

중요한 것은 최고 선과 같은 관념적인 것이 아니라 인간의 욕망이다. 여기서 홉스는 최고 선에 대비되는 최고 악의 개념을 내놓는다. 홉스의 사상에서 최고 악은 죽음이다. 그리고 홉스는 만일 최고 선을 추구하는 것으로 질서를 잡을 수 없다면 최고 악에 대한 공포를 가짐으로써 안정을 찾을 수 있으리라 생각했다. 최고 선을 지향하는 것으로 질서가 바로잡히지 않으면 죽음이라는 최고 악을 회피하도록 동기를 부여해야 한다는 뜻이다.

고대와 중세의 철학적 흐름이 최고 선을 추구한 반면 근대에 들어서는 최고 악을 회피하는 데 중점을 두게 되는데, 이 같은 변화에 실마리를 제공한 것이 바로 홉스의 사상이다.

정념으로 조건지어진 자연상태라는 전쟁 상태에서 벗어나는 유일한 방법은 다른 무엇보다 더 강한 정념, 다시 말해 공격 성향을 억누르고 평화로운 질서 속에서 살도록 이끄는 정념에 굴복하는 것이다. 사람들이 최고 선을 통해 서로 평화롭게 사는 방향으로 나아가지 않는다면, 죽음이라는 최고 악에 대한 공포가 그들을 질서 있는 사회에 살도록 강요해야 한다는 것이다.

이러한 홉스의 사상은 사상적 조류의 변화를 담고 있다. 홉스가 초기에 아리스토텔레스의 영향을 크게 받았던 것은 분명하다. 그는 아리스토텔레스의 『수사학』(Rhetoric)에 관해 두 편의 영어판 요약본을 출판하기도 했다. 하지만 홉스는 그 후 아리스토텔레스 철학의 영향에서 벗어나려 했다.

홉스에 앞서 프랜시스 베이컨도 아리스토텔레스 사상을 비롯한 그리스 사상이 '선의 본질'에 대한 묘사에만 그치고 미덕의 실현 방법을 가르치지 않는다고 비판했다. 홉스의 아리스토텔레스 비판은 베이컨의 주장과 맥을 같이한다.[140] 전통적 정치 사상에서 벗어나고자 하는 노력은 그 시대 철학의 특징이었다.

자연과 인위 *16*

근대 초기 사상의 특징적인 면 가운데 하나는 자연과 인위의 관계가 변화된 것이다. 자연 또는 자연적인 것이란 있는 그대로를 우리가 발견하는 것을 뜻한다. 반면 인위 또는 인위적인 것이란 인간이 만드는 것, 다시 말해 인간의 손길이 닿아 변형되는 것을 의미한다. 그리스도교의 영향을 받은 서양에서는 신이 창조한 그대로의 것을 자연이라고 본다. 여기서의 자연은 인간에 대해 말할 때는 본성을 의미하는 경우가 많다.

　중세 시대의 사상가들은 자연에 초점을 맞췄다. 중세 시대는 교회가 인간 생활의 모든 측면에 큰 영향력을 행사했으며, 신이 창조한 자연과 인간 세계에서 신의 뜻을 감지할 수 있다는 시각이 우세했다. 이는 결과적으로 인위적인 것에 대한 거부감을 불러왔다. 그러나 근대 초기에 접어들면서 사상가들은 인위적인 것, 다시 말해 신이 아니라 인간이 직접 만드는 것에 큰 의미를 부여하게 되었다. 홉스는 여기서 한 걸음 더 나아가 인간의 기술은 어느 정도 자연, 곧 신의 기술을 모방할 수 있다고 본다.

인간은 사회적인 동물인가

홉스가 전통적인 사상과 단절하게 된 중요한 동기는 아리스토텔레스 이후 정치 사상의 기본 명제였던 "인간은 본성적으로 사회적이고 정치적이다."라는 말에 대한 회의에 있다. 아리스토텔레스에 따르면, 국가는 자연적으로 형성되는 것이며 인간은 본성적으로 사회적 동물이다. 국가는 여러 가정이 모여 자연적으로 생겨난 것이며, 인간은 본성적으로 남과 어울리기를 좋아한다는 것이다.

그러나 홉스는 인간이 사회적이고 정치적인 존재가 아니라고 단언한다. 벌이나 개미는 사회적 동물이라고 할 수 있고, 양이나 늑대는 누가 시키지 않아도 자기들끼리 함께 모여 산다. 하지만 인간은 다르다. 홉스에 따르면, 인간은 다른 동물과 달리 이성을 지니고 언어를 사용하기 때문에 공동의 이익과 상반되는 사적인 이익이 무엇인지를 먼저 생각하고 이를 추구한다. 어떤 상황에서 행동하는 방식이 동물처럼 정형화된 게 아니라는 뜻이다. 사람은 이성과 언어를 이용해 다른 사람을 곧잘 속이기도 하고 본심과는 다른 행동을 하기도 한다. 이는 사람들 사이에서 다양한 이해관계를 만들어 내고 갈등이나 전쟁을 촉발하게 된다.

늑대처럼 무리를 지어 사는 동물들은 우두머리를 결정하는 정형화된 절차가 있고, 그렇게 해서 한번 우두머리가 정해지면 한동안 안정된 질서가 유지된다. 반면 인간은 끊임없이 음모를 꾸미고 권력 탈취를 시도한다. 동서양을 막론하고 궁정 내부의 음모를 배경으로 한 영화나 텔레비전 드라마, 소설이 많이 만들어지고 있다는 점을 생각하면 쉽게 이해될 것이다. 흔히 궁정 안에서 벌어지는 왕과 왕자들 또는 귀족들 사이의 갈등과 배신, 역모 따위가 줄거리를 이룬다. 실제 궁정의 역사가 그랬다. 하지만 이런 게 궁정에 국한된 얘기만은 아니다. 실제 우리 주변에서 보면 직장이나 학교, 가정에 이르기까지 정도의 차이는 있지만 수많은 갈등과 배신의 드라마가 진행되고 있다.

그렇기 때문에 인간은 무리지어 사는 동물들과 달리 쉽사리 협력을 이끌어 낼 수 없다. 따라서 사람들 사이의 협력은 자연적으로 이루어지는 게 아니라 인위적으로 만들어져야 한다는 것이 홉스의 주장이다.

홉스에 따르면 인간은 본성적으로 사회적인 존재가 아니기 때문에 국가나 시민 사회는 근본적으로 인위적이다. 국가 또는 시민 사회는 인간의 본성이나 자연에 따른 게 아니라는 말이다. 다시 말하면 인간은 반(反)사회적인 본성적 충동을 지녔고, 이 충동은 인위적으로 억제되지 않을 경우 국가를 형성하려는 충동보다 강하다. 따라서 인간이 자연상태에서 벗어나는 유일한 길은 인위적인 것에서 찾을 수 있다.

자연에 대한 인식

여기서 자연에 대한 동서양 간 인식의 차이를 짚어 보자. 서양은 근대에 접어들면서 자연을 개발의 대상으로 보는 경향이 있다. 이는 자연에 인간의 힘을 가해서 인간의 이해에 맞게 변형시키는 것을 의미한다. 반면 동양권은 자연과의 합일(合一)을 중시했다. 그 예로 홉스와 같은 시대에 우리나라의 대표적 시인으로 명성을 떨친 윤선도(1587~1671)의 '오우가(五友歌)' 첫머리를 들어 보자. 여기서 오우, 곧 다섯 벗이란 물, 돌, 소나무, 대나무, 달(水, 石, 松, 竹, 月)을 가리킨다.

내 벗이 몇이냐 하니 수석(水石)과 송죽(松竹)이라.
동산에 달(月) 오르니 그 더욱 반갑구나.
두어라 이 다섯 밖에 또 더하여 무엇하리.

오우가를 보면 윤선도가 자연과의 합일을 얼마나 중시했는지 엿볼 수 있다. 동양권에서는 이런 글을 수없이 찾아볼 수 있다. 이때 자연은 개발 대상이 아니다. 나와 동급인 벗과 같은 존재이다.

반면에 영국 작가 다니엘 디포(1659~1731)는 소설『로빈슨 크루소』에서 절해고도에 표류한 크루소를 통해 '공작인(工作人)'으로서 근대인의 모델을 제시한다. 크루소는 무인도에서 혼자 집을 짓고 그릇과 가재도구를 만들며 야생 염소를 길들이는 한편 배를 만들기까지 한다. 디포는 이 소설에서 인간이 지혜를 활용하면 자연을 정복할 수 있다는 근대 서구인 특유의 자신감을 드러낸다.

동양이 근대화 과정에서 서양에 뒤지고 그 결과 한때 곳곳이 서양 열강의 식민지로 전락했던 것은 과학 기술 발전의 시차 때문만이 아니다. 동양의 근대화가 늦은 것은 전통적인 가치관에서도

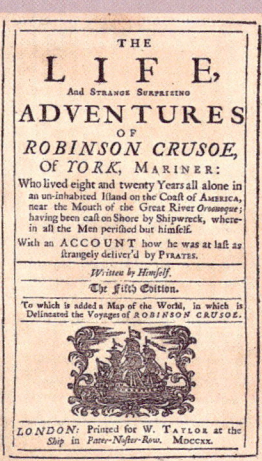

로빈슨 크루소와 프라이데이
28년 동안 무인도에서 자연을 변형시키며 생활한 로빈슨 크루소는
근대의 이성적인 인간을 상징한다. 『로빈슨 크루소』 초판의 표지와
후대의 한 판본에 실린 삽화.

원인을 찾을 수 있다.

근대 유럽의 사상 조류는 인간이 자연에 어떤 방식으로든 손을 대 인간에게 이롭게 하는 것을 중시했다. 이는 근대 초기 이후 유럽인들이 이교도 개종이라는 종교적 목적을 내세우면서 '미개한' 신대륙과 아시아를 비롯한 동양권을 식민지로 개척하도록 이끌었다. 식민지 개척으로 얻은 엄청난 부는 이교도 개종이라는 '숭고한' 사업에 대한 신의 축복으로 간주되었다.

또 19세기 들어 카를 마르크스(1818~1883)는 인간을 역사 발전 과정에서 자연을 정복하고 스스로를 위해 세계를 창조하는 '노동하는 사회적 존재'로 보았다. 마르크스는 자연을 변형하는 게 인간의 본성이라고 보고 자연을 변형하는 과정을 노동으로, 자연을 변형하는 능력을 노동력으로 규정했다. 이는 서양의 사상적 전통이 인간과 자연의 관계를 어떻게 보았는지 엿볼 수 있는 대목이다.

자연과 인위의 구분

국가는 자연의 산물이 아니라 인간의 기예(art)로 만들어지는 것이라는 홉스의 주장은 그 당시 사람들이 수십 년간 말하고 행동해 온 것을 이해하기 쉽게 체계적으로 설명한 것으로 볼 수 있다. '자연적인 것'과 '인위적인 것'의 구별은 홉스의 정치 사상을 이해하는 열쇠라 할 수 있다. 홉스는 『리바이어던』을 다음과 같은 말로 시작한다.

카를 마르크스
1818~1883

독일의 경제학자, 사회학자, 정치학자. 역사 발전에서 경제 구조를 중시하는
유물론적 역사관을 엥겔스와 함께 정립하였으며 『공산당 선언』을 발표해
근대에 일어난 각국의 혁명에 커다란 영향을 미쳤다.

자연(신은 이 자연이라는 기예를 통해 세계를 창조하고 관찰한다)은 다른 많은 것들과 마찬가지로 인간의 기예에 의해 모방되며, 이에 따라 인공 동물(artificial animal)이 만들어질 수 있다.[141]

홉스는 인간이 기예를 활용함으로써, 신이 자연을 창조한 것을 모방해 인공 동물을 만들 수 있다고 말한다. 홉스가 『리바이어던』의 화두로 던진 말이 자연과 인간의 기예 또는 인위에 관한 것이라는 데 주목할 필요가 있다. 자연이나 자연적인 것은 발견되는 것이며, 기예 또는 인위적인 것은 만들어지는 것이다. 자연은 신이 만드는 것이며, 이 자연은 인간을 포함하고 있다. 하지만 인간의 기예는 자연, 곧 신의 기예를 어느 정도는 모방할 수 있다.

홉스에 따르면 인간이 신의 기예를 모방해 만든 인공 동물 중 대표적인 게 국가라는 리바이어던이다. 홉스는 내전이나 국가들 간의 전쟁으로 생겨난 무정부 상태가 자연적인 반면, 조직된 국가는 인위적이라고 보고 있다. 고대 그리스 로마 시대 이후 중세 시대 내내 고개를 들지 못했던 정치적 창의성, 곧 정치 기예의 개념이 근대 초기인 16세기 이후 정치적, 종교적 격변의 와중에 새로운 국가를 건설해야 한다는 필요성에 따라 되살아나게 된 것이다.

중세의 정치 사상은 국가가 자연적으로 생성되고 유지된다고 생각했고, 국가 공동체의 모든 구성원은 서로 의존한다고 보았다. 이에 따르면 국가라는 공동체는 유기체와 같은 속성을 지니게 된다. 이 같은 국가 유기체론에서는 국가가 자체적인 목적을 지니며 국가의 생성과 발전은 그 구성 요소인 국민의 이성적인 행동에 의존하지 않는 자연적인 것이라고 여긴다.

그러나 홉스는 개인의 욕구를 앞세웠기 때문에 국가 유기체론을 거부했다. 홉스는 이처럼 중세의 사상적 전통에서 과감히 벗어남으로써 근대가 필요로 했던 중요한 관념을 제시할 수 있었다. 홉스의 사상은 어떤 상상적 파괴 행위, 또는 '세계가 파괴되었다고 가정하는 행위'에서 시작되었다. 홉스가 모든 사람의 모든 사람에 대한 전쟁 상태라고 규정한 자연상태를 논의의 출발점으로 삼은 게 그 좋은 예이다. 홉스 사상에서 인간은 상상을 통해 기존의 세계를 지워 버림으로써 기존 의미로부터 독립을 선언했고, 새로운 의미를 재창조할 수 있는 권리를 선포한 셈이다.

인위의 의미

근대에 이르러 인위는 더 이상 자연의 하위 개념이 아니라 자연과 동등한 위치에 서게 된다. 이 같은 변화는 인간이 만든 사물과 인간의 기본적 경제 활동인 산업이 새로운 시각에서 조명되며 더 높은 가치를 인정받는다는 뜻이다.

결국 홉스 사상에서 자연은 거대한 기계 장치로 인식되며, 자연의 비밀을 파악하는 것은 그 메커니즘을 통제하는 법칙에 대해 이해하게 되는 것을 의미한다.[142] 이 자연의 비밀이 발견되면 인간은 다른 기계 장치를 만들어 냄으로써 자연을 단순히 모방하는 게 아니라 자연을 재창조하고 그것을 개선해 자연의 힘을 증대시킨다. 홉스가 제시한 국가는 자연의 결점을 보완하고, 불완전한 자연의 산물을 인간 솜씨의 산물로 대체하기 위해 인간이 만든 기계 장치들 중 하나이다. 이와 관련해 홉스는 집을 짓는 것과 국가를 건설하는 것을 비교해 다음과 같이 설명한다.

시간과 산업은 날마다 새로운 지식을 생산한다. 그리고 훌륭한 건축 기술은 인류가 (비록 불완전하지만) 집을 짓기 시작한 후 자재의 성질, 형상과 구성의 다양한 효과를 오랫동안 연구해 온 사람들이 관찰한 이성의 원칙들로부터 추론된 것이다. 이와 다찬가지로 인간이 불완전하고 쉽사리 혼란에 빠져들 수 있는 국가를 설립하기 시작한 이래 오랜 시간이 지나면서 구조를 (외부적 폭력을 제외한다면) 항구화할 수 있는 이성의 원칙들이 숙련된 성찰에 의해 발견될 수 있는 것이다.[143]

결국 국가라는 장치는 인간의 성찰로 발견되는 이성의 원칙에 근거를 두고 만들어진다. 인간이 늘 우호적이지만은 않은 자연환경에서 살아가려면 국가라는 존재가 반드시 필요하기 때문이다. 만일 인간이 자연을 모방할 뿐 아니라 자연의 결함을 고칠 수 있다고 간주된다면 인위적인 인간 능력 중 최고의, 가장 숭고한 표현이 국가의 설립이다. 홉스가 볼 때 인간은 역사적 발전 과정에서 국가를 건설함으로써 가장 정교하고도 유용한 기계 장치를 만들어 낸 것이다.

개인주의,
합리적 개인의 재발견

17

홉스의 정치 사상은 합리적인 개인을 중시한다. 홉스는 인간이 평화와 안전이라는 목표에 따라 사회적, 정치적 질서를 인위적으로 만든다고 여겼다. 이것은 모든 질서를 개인이 만들어야 하고 이 질서는 개인과 연결된다는 의미로, 개인주의의 한 표현이다. 홉스 사상에서 개인은 '행위하는'(doing) 주체이기 이전에 '만드는'(making) 주체를 의미한다. 결국 홉스가 말하는 개인은 시민으로 행위할 뿐만 아니라 스스로를 시민으로 만든다.

유명론

근대 초기에 사회 이론으로 자리잡은 개인주의는 중세 말의 유명론(唯名論, nominalism)에서 비롯된 것이라고 볼 수 있다. 유명론은 간단히 말해 여러 대상에 공통적으로 적용되는 보편적 개념이란 실재하지 않는, 곧 이름에 지나지 않는다는 입장이다.

중세 말에 보편적 개념이 실재하는지 아닌지를 둘러싼 논쟁인 이른바 '보편 대 개체 논쟁'이 벌어졌을 때, 유명론은 보편적 개념이 다만 공통적인 이름일 뿐이며 개체를 떠난 보편성은 존재하지 않는다는 입장을 고수했다. 이와 달리 보편적 개념이 객관적으로 존재하며 전체가 개별적인 사물, 곧 개체의 존재에 앞서는 것이라는 주장을 실재론(實在論, realism)이라고 하며, 이는 가톨릭교회의 정통 사상과 합치되는 관념론이다.

14세기 영국 사상가 윌리엄 오컴(1300~1349)이 구체화하기 시작한 유명론은 사물의 실체가 그것의 개체성(individuality)에 있다는 입장에 서 있다. 다시 말해 객관적으로 존재하는 것은 감각으로 인식할 수 있는 개체뿐이라는 말이다.

앞서 언급한 기호학자이자 소설가 움베르토 에코는 소설 『장미의 이름』을 쓸 때 이성을 앞세우는 주인공 윌리엄 신부의 이름을 오컴의 이름에서 따왔다고 한다. 이 소설은 마지막 부분이 "지난날의 장미는 이제 그 이름뿐, 우리에게 남은 것은 그 덧없는 이름뿐."이라는 시구로 마무리된다. 소설의 제목이 여기서 나온 듯하다. 장미는 절대적인 진리를 상징한다. 결국 절대적인 진리란 실재하는 게 아니라 이름에 지나지 않는다는 말이다. 유명론의 냄새가 짙게 배어 있는 구절이다.

유명론은 중세에서 근대로 넘어가는 과도기의 중요한 철학적 흐름이다. 유명론은 개인이라는 주체와 개인의 자유가 인식되는 과정에 적지 않은 영향을 미쳤다. 유명론의 사회적 의미는 개인주의의 표출에 있다고 해도 지나친 말이 아니다.

유명론은 논리적, 언어적, 윤리적, 사회적 질서, 곧 모든 질서를 개별 주체인 인간이 만들어야 한다는 것을 강조한다. 실재하는 것은 개체성일 뿐이라는 유명론의 기본 입장을 되새겨 보면 이해가 빠를 것 같다. 유명론은 유럽의 지적 전통에서 보편성과 객관성을 일치시키는 사고를 최초로 무너뜨리는 내용을 담고 있다.

유명론에 따르면 창조자인 신은 이미 존재하고 있던 설계에 따라 세계를 창조한 것이 아니다. 왜냐하면 이처럼 이미 존재하는 설계는 신의 전지전능함을 구속하는 것이 되기 때문이다. 따라서 신이 창조한 세계는 오로지 신의 의지를 반영하는 일련의 우연성에 따른 것으로 이해된다. 이러한 우연성은 언제든지 어떤 방향에서도 완전히 바뀔 수 있다. 신의 전능함은 세계의 근본적인 우연성을 요구한다. 결국 유명론은 경험적인 세계를 불확실한 것으로 만들어 버렸다. 세계가 우연성으로 가득 차 있다면 인간이 어떻게 신의 의도를 알 수 있겠는가?

스웨덴 영화감독 잉그마르 베리만이 1956년에 찍은 '제7의 봉인'을 보자. 제7의 봉인은 요한 계시록에서 따온 말로, 종말을 상징하는 7개의 봉인 중 마지막 봉인을 가리킨다. 영화는 14세기 십자군 전쟁에 참가한 뒤 귀향길에 오른 기사의 얘기이다. 페스트와 마녀사냥으로 곳곳에 죽음이 가득하지만 신을 아무리 찾아도 대답이 없다. 이 와중에 기사는 자신을 '죽음'이라고 소개하는 한 남자를 만나게 되고, 기사는 체스 게임을 제안하면서 자신의 죽음을 늦춘다. 기사와 죽음은 다음과 같은 대화를 나눈다.

기사 : 나는 신앙이나 가설이 아니라 지식을 원한다. 나는 신이 내게

손을 뻗어 스스로를 밝히고 내게 말을 해 주길 바란다.

죽음 : 하지만 신은 침묵하고 있다.

기사 : 나는 어둠 속에서 소리쳐 신을 불렀지만 거기엔 아무도 없는 것
　　　 같았다.

죽음 : 아마 거기엔 아무도 없을 것이다.[144]

　이처럼 세상을 창조한 신의 뜻을 알 수 없다면 인간은 어떻게
해야 하는가? 이제 인간이 기댈 곳이라곤 자기 자신뿐이다. 인간
이 자신의 의지와 판단을 중시하는 것밖에는 답이 없다. 그렇다고
유명론이 신을 부정하는 것은 아니다. 신은 인간이 그들 자신의 의
지에 따라 행동하는 것을 막지 않고, 일이 끝난 뒤에만 개입한다고
보게 된 것이다.

유명론의 영향

유명론이 홉스의 사상에 미친 영향은 다음에서 확인할 수 있다.

　명칭 가운데는 '피터', '존', '이 사람', '이 나무'처럼 오직 하나의 사
물에만 적용되는 것들이 있다. 또한 어떤 명칭은 많은 사물들에 공통
으로 쓰인다. 예를 들어 '인간', '말', '나무' 따위가 이런 것에 속한다.
그것들은 모두가 하나의 명칭에 지나지 않지만, 여러 가지 개개 사물
의 명칭인 것이다. 이런 유의 명칭은 모두 보편적이라고 일컬어진다.
이 세상에 이름 이외에는 보편적인 것이 없다. 왜냐하면 이름 붙여진

사물들은 모두 개별적이고 특수한 것들이기 때문이다.[145)

다시 말해 보편적인 것은 이름뿐이며, 이름이 없으면 어떤 보편적인 개념도 있을 수 없다는 게 홉스의 주장이다. 단어에 대한 홉스의 정의에서도 그를 유명론자로 볼 수 있는 근거를 찾아볼 수 있다.

'이름'은 표시를 하기 위해 임의로 선택된 낱말이다. 그것은 우리가 전에 품었던 어떤 생각과 비슷한 생각을 우리 마음에 불러일으킬 수도 있으며, 다른 사람들에게 들려주면 그들에게는 말한 사람이 전에 마음에 가졌거나 또는 갖지 않았던 어떤 생각의 기호가 될 것이다.[146)

홉스는 단어를 정의에 의해 결정되는 인간의 가공품으로 간주했다. 이 같은 지식은 보편적인 본질에 도달하지 못한다. 그것은 논리와 확고한 정의로 이루어진 이론이고, 인간이 창조한 것일 뿐이다. 그래서 홉스의 사상에서는 보편적 본질과 같은 개념은 배제된다. 자연은 개별적인 사물들과 그것의 이름만으로 이루어져 있기 때문이다.

홉스가 개체성을 중시한 것은 그의 사상의 틀을 결정하게 된다. 그 결과 홉스는 형이상학적인 절대 선을 부인하고 개인 차원의 상대적 선만 인정하게 된다. 여기에서 개인이 욕구하는 것은 선이고 싫어하는 것은 악이라는 주장이 나오게 된다.

홉스는 이 같은 유명론의 전통을 이어받았으며, 다른 어떤 사상가들보다 그것을 근대 세계로 이어 놓는 데 크게 기여했다. 홉스의 사상은 인간의 가치나 존엄성에 대한 모호한 신념에 바탕을 둔 것이 아니라, 세계가 실재하는 개체로 구성되어 있다는 철학에 바탕을 둔다.[147]

홉스는 주권자와 종교가 권력을 나누어 갖는 상황을 막는 데 초점을 맞췄다. 이에 따라 주권자에게 견고한 존재론적인 지위를 부여할 수 있을 정도로 유명론을 제한했다. 홉스는 말하자면 줄타기를 한 셈이다. 홉스는 아리스토텔레스 철학이 쳐 놓은 그물망에 걸리지 않으면서도 유명론과 프로테스탄티즘에 나타나는 무정부주의적인 경향을 극복해야 했다.

홉스 사상과 개인주의

이미 살펴보았듯, 합리적인 인간이 자연상태에서 벗어나기 위해 사회계약을 맺고 인위적으로 국가를 형성해 가는 과정에는 개인의 자기 이익이 작용하고 있다. 홉스의 사상을 그 시대의 가장 혁명적인 이론으로 만든 것은 다름 아닌 개인주의였다.[148]

인간이 자신의 권리를 양도하거나 그것을 포기할 때는, 언제나 자신에게 호혜적으로 양도되는 어떤 권리를 염두에 두거나 또는 그것을 통해서 얻을 수 있는 다른 이익을 고려해서 그렇게 하는 것이다. 왜냐하면 그것은 자발적 행위이기 때문이다. 모든 사람의 자발적 행위의 목적은 자신에 대한 어떤 이익이다.[149]

홉스에 따르면 국가 권력과 법의 권위는 오로지 그것이 개인의 안전 보장에 기여하기 때문에 정당화되는 것이며, 이러한 것들이 더 많은 개인적 이익을 안겨 줄 것이라는 예상 없이는 권위에 대한 복종의 합리적 기반은 존재하지 않는다. 국가는 다만 하나의 인위적 조직체일 뿐이다. 말하자면 사람들이 거기에서 재화와 서비스를 교환하는 것이 개인적으로 유익하다는 것을 발견함으로써 생겨난 하나의 집합적 용어에 지나지 않는다.

사람들은 흔히 홉스가 절대 군주제를 옹호했다는 인상을 받지만 사실 홉스의 사상은 군주제가 의존하는 맹목적 충성심과 경외감 따위를 모두 약화시키는 용해제 역할을 했다. 국가는 리바이어던이지만 아무도 리바이어던을 사랑하거나 존경하지 않는다. 국가는 유용한지 아닌지가 중시되며, 개인의 안전을 지켜 주는 기계장치에 지나지 않게 된다. 결국 홉스는 그 후 2세기 이상에 걸쳐 사회사상에 활기를 불어넣게 되는 정신, 곧 자유방임주의* 정신과 맥이 닿는다.

이기적인 개인

개인주의야말로 홉스가 다가오는 시대를 가장 명확하게 파악한 대목이다. 홉스 이후 2세기 동안 대부분의 사상가들은 이기주의가

*자유방임주의는 모든 경제 활동에 대해 국가가 어떠한 간섭도 해서는 안 된다는 주장을 말한다. 보통 18세기 자연법 이론을 토대로 신흥 부르주아의 자유 경쟁을 옹호하는 개인주의적 정책을 의미한다.

공평무사보다 더 뚜렷한 행동 동기라고 생각했고, 따라서 계몽된 이기주의가 다른 어떤 형태의 집단 행위보다 사회적 병폐 치료에 더 알맞은 처방이라고 간주했다.

홉스 사상의 개인주의적 요소는 자연상태에 놓여 있는 '이기적인(self-interested) 개인'에 잘 나타난다. 자연상태의 객관적인 조건은 인간의 평등과 물품의 부족이다. 상대적으로 물품이 부족한 상황에서 평등은 모든 사람에게 자신의 목표를 성취하려는 희망을 불러일으킨다.

홉스가 이기적인 개인을 사상의 근거로 삼은 것은 새로운 질서를 구축하기 위해서였다. 이 이기적인 개인을 고도로 조직화된 이기심과 연관시켜 살펴보자.

홉스는 자기 본위의 이기심이야말로 인간을 질서 잡힌 사회로 이끌어 가는 매우 유용한 동기라고 여겼다. 이기심은 결국 사려분별과 도덕에 대한 규칙을 만들고 주권에 적용되는 여러 가지 원칙을 낳게 된다. 인간은 이기적이기 때문에 자기 이익(self-interest)을 창출해 내고 이를 보호하기 위한 각종 규칙을 만드는 작업에 참여하게 된다.

다른 사람에게 끼칠 영향에 따라 표현을 조절하는 것도 이기심이며, 욕구와 충동을 이익으로 전환하는 것도 이기심이며, 정념이 초래할 수 있는 위험이나 불이익과 관련해 정념을 다스리는 것도 이기심이다. 이기적인 개인이 처한 모순은 바로 이 같은 개인의 특성 때문에 다른 사람의 태도와 미래의 전망에 대해 주도면밀하게

적응해야만 한다는 데 있다.[150)

　예를 들어 국가의 법이나 사회의 각종 규칙이 없는 상황을 가상해 보자. 이러한 자연상태와 같은 처지에 있다면 인간은 자기 이익을 보호받을 수 없게 된다. 사람들은 살아가는 데 필요한 것을 스스로 만들어 내기보다는 다른 사람이 갖고 있는 것을 빼앗으려 할 것이다. 이러한 사태를 피하기 위해, 다시 말해 역설적이게도 사람들은 자기 이익을 확보하기 위해 이기심을 누르고 질서를 만들어 가는 일에 나서게 된다.

　홉스가 볼 때 이 같은 개인의 자기 이익 추구는 도덕적인 의무가 아니라 합리적인 의무이다. 강제력이 없는 도덕적인 의무만으로는 안정된 질서를 만들어 낼 수 없기 때문에 홉스는 개인의 자기 이익 추구라는 합리적인 의무를 내세워 새로운 질서를 수립하는 방안을 제시하려 한 것이다. 이에 따라 모든 사회적, 정치적 의무는 자기 보존을 위한 개인의 권리인 자연권에서 유래하며 그것에 종속된다는 결론이 나오게 된다.

새로운 가치관 *18*

자기 이익을 추구하는 개인이 홉스 사상의 핵심적인 근거가 된 것은, 하나의 사회 계급으로서 부르주아의 등장과 이에 따른 자본주의 경제의 발전이라는 시대 배경에 접목되어 있다. 홉스가 자연상태에서 분쟁의 세 가지 주요 원인으로 지적한 경쟁, 불신, 명예는 당시 대두하고 있던 부르주아적 사회 분위기가 낳은 산물이다. 개인은 이제 세속적인 문제나 종교적인 문제를 비롯해 모든 문제를 스스로 판단한다. 홉스는 부르주아의 미덕인 냉정한 계산 능력, 곧 이성으로 인과 법칙을 이용하면 바람직한 결과를 산출할 수 있다고 믿었다.

근면과 절약

홉스에 따르면 "인간을 평화로 이끄는 정념은 죽음에 대한 공포, 편리한 생활에 필요한 것들에 대한 욕망, 그리고 부지런히 일함으로써 그것들을 얻으려는 희망"[151]이다. 여기에서 편리한 생활을 추구하는 것이나 부지런히 일해 편리한 생활에 필요한 수단을 얻으려 하는 것은 자본주의 초기의 부르주아 가치관을 반영한다.

근대 초기 부르주아는 근면과 절약으로 부를 축적하는 것을 주요 덕목으로 내세웠다. 부지런히 일하고 사치를 멀리하는 것은 일하지 않으면서 사치에 빠진 귀족의 생활과 대비되는 가치관이다. 홉스는 이 같은 부르주아의 가치관을 긍정적으로 평가하고 있다. 그는 『비히모스』에서 국왕에게 이러한 덕목을 요구하고 있다.

> 절약은 (이상하게 생각될지 몰라도) 국왕의 미덕이다. 왜냐하면 그것은 공적인 비축을 늘리기 때문이다. 공적인 비축은 공적인 사용에 충분할 정도로 많을 수 없고, 또 어떤 사람도 다른 사람을 위해 맡고 있는 것을 그다지 아끼지 않기 때문이다.[152]

홉스는 이런 새로운 가치관에 따라 국가의 목적을 규정하고 있다.

> 주권자—그것이 군주이건 의회이건 간에—의 직무는 그가 주권을 위임받은 목적, 곧 국민의 안전을 확보하는 데 있다. (……) 그러나 여기서 말하는 안전은 단순한 보호만이 아니라, 모든 사람이 국가에 대해 위험이나 해악을 끼치지 않고 합법적으로 부지런히 일을 함으로써 스스로 얻어 낼 수 있는 다른 모든 생활의 만족을 아울러 의미한다.[153]

부르주아의 부상

홉스가 살던 시기는 부르주아 계급이 부를 축적하기 시작하던 때이다. 도시는 확대되고 시장은 활기를 띠었다. 부르주아는 자신들의 경제 활동을 방해하거나 부를 가져가 버리는 군주나 귀족들의 권력에 반대했다. 이들은 여전히 중세적 질서를 고수하는 교회와도 결별하고 개신교도(프로테스탄트)가 되어 검약, 절제, 근면을 실천하면서 부를 쌓아 갔다.

홉스는 당시 부상하고 있던 중산 계급을 우호적으로 지켜보았다. 홉스는 제가끔 자신의 이익을 민감하게 의식하는 이들 중산 계급을 비난하기는커녕 오히려 부르주아적 이념에 철학적 정당성을 부여했다.[154] 이는 홉스와 비슷한 시대에 활동한 영국 극작가 윌리엄 셰익스피어(1564~1616)가 『베니스의 상인』(*The Merchant of Venice*)에서 유대인 금융업자 샤일록을 사악한 존재로 묘사하고 귀족주의 성향이 강한 상인 안토니오를 일방적으로 옹호한 것과는 대조적이다. 셰익스피어는 이 작품에서 당시 영국에 널리 퍼져 있던 금융업자와 유대인에 대한 반감을 함께 담고 있다.

반면 홉스는 부르주아야말로 새로 열리는 시대에 자신이 놓인 상황과 자기 이익이 무엇인지를 민감하게 인식하고 있으며, 그래서 이들이 누구보다 합리적으로 행동할 수 있으리라 기대했다.

홉스는 영국 내전의 원인과 과정을 다룬 저서 『비히모스』에서 성직자와 함께 부르주아가 내전 발발에 책임이 있는 두 무리 중 하나라고 지목했다. 이는 부르주아가 이미 주요 사회 세력으로 자리를 잡았음을 의미한다.

셰익스피어

베니스의 상인

셰익스피어의 『베니스의 상인』은 당시 영국에
널리 퍼져 있던 금융업자와 유대인에 대한 반감을
담고 있다. 영화 '베니스의 상인'의 한 장면.
고리대금업자 샤일록 역의 알 파치노가 보인다.

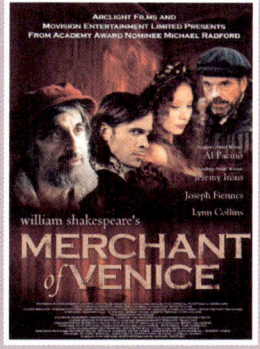

네덜란드 지역이 그들의 군주인 에스파냐 국왕에 대한 반란 이후 큰 번영을 구가하는 데 대해 감탄하고 있는 런던 시와 다른 대규모 교역 도시들은 여기서 그러한 정부의 변화가 그들에게 네덜란드와 같은 변화를 가져다 줄 것으로 생각하는 경향이 있다.[155]

경제력을 장악한 부르주아가 국왕의 규제를 타파하려고 내전을 일으킨 것을 두고 하는 말이다. 이처럼 부르주아가 내전을 일으킬 정도의 세력을 형성하게 된 것은 당시 종교개혁에 따른 가치관의 변화가 주요 배경으로 작용했다. 『비히모스』에서 홉스는 특히 라틴어로만 쓰였던 성서가 영어로 번역된 사실에 주목했다.

성서가 영어로 번역된 뒤 영어를 읽을 수 있는 모든 사람, 소년 소녀들조차 하루에 몇 구절씩 한두 차례 성서를 읽고는 전능한 신과 말하고 또 신이 말하는 것을 이해할 수 있다고 생각하게 되었다. 개신교 교회와 교회의 주교, 목사에 대한 존경과 복종은 사라지고 모든 사람이 스스로 종교의 판정자가 되고 성서의 해석자가 되었다.[156]

종교개혁으로 영국에서는 교황권이 배척되고 주교들이 스스로 교리를 정의하는 권한을 떠맡았다. 그런데 종교개혁은 교회 권위의 붕괴를 불러올 씨앗을 뿌렸다. 성서가 여러 나라의 언어로 번역되고 모든 사람이 스스로 성서를 해석할 수 있다고 선언함에 따라 다양한 종교 분파주의가 나타난 것이다. 홉스는 이것이 영국 내전의 직접적인 원인이라고 생각했다. 상황을 종합해 볼 때 기존 교회를 거부하는 장로교 목사들과 군주의 정통성에 도전하는 부르주아 세력이 연합함에 따라 내전이 일어났다는 것이다.[157]

부르주아 세계관

당시 부르주아는 아직도 귀족주의가 지배하고 있는 환경에서 자신의 생명과 재산을 지키기 위해 서로를 위협으로 여기면서 자신들의 세계관에 어울리는 새로운 질서를 만들어 나가려고 했다.

부르주아 세계관을 반영한 홉스의 사상은 아울러 훗날 자유주의의 토양이 되었다. 여기서 말하는 자유주의란, 국가와 분리된 사적 영역을 인정하며 그럼으로써 국가 자체를 새롭게 정의하려는 시도를 의미한다. 이는 개인과 가족, 직업으로 이루어지는 시민 사회를 정치적 간섭에서 해방시키는 것과 함께 국가 권위의 한계를 설정하려는 것이다. 시장 경제의 확대로 국가와 시민 사회가 점차 분리됨에 따라 자유와 권리의 범위를 둘러싼 투쟁은 더욱 격렬해졌다.[158]

국왕과 의회의 갈등, 종교를 둘러싼 분쟁에 휩쓸려 있는 세상에 질서를 부여하기 위해 홉스가 한 일은 국가의 권리와 국민의 의무를 구체적으로 규정하는 것이었다. 이 과정에서 홉스는 절대 주권을 앞세운 국가의 권위를 부각시키게 된다. 물론 후대의 자유주의는 국가의 권위를 제한하는 방향으로 나아갔다.

부르주아의 세계관에서 세계는 자연권을 지닌 '자유롭고 평등한 개인들로 구성된다는 점도 주목할 만하다. 이에 따라 정치는 개인의 권리 옹호에 초점을 맞추며 이를 위해 국가는 개인이 자신의 능력을 구현할 수 있는 터전을 만들어 주어야 한다.

여기서 국가, 시민 사회, 시장 사이의 관계를 살펴보자. 앞서 9장에서 언급한 대로 홉스가 『리바이어던』에서 사용한 시민 사회라는 용어는 로마 교황으로부터 독립된 비종교적 인간 사회를 의미하는 것이었다. 이때만 해도 시민 사회는 교회 지배에 대립되는 개념으로 쓰였다. 시민 사회는 정치 영역을 교회에서 해방시켰고, 결국 국가는 시민 사회의 존립을 위한 수단이 되었다.

그 뒤 시민 사회를 경제적인 측면에서 바라보는 시각들이 나타났다. 영국의 고전 경제학 창시자인 애덤 스미스(1723~1790)는 시민 사회는 상업 사회이며, 상품 교환이 이를 지탱하는 밑바탕이라고 보았다. 독일 사상가 헤겔은 시민 사회는 개인들로 구성된 세계이며, 이 개인들 사이의 관계는 본질적으로 경제적이라고 간주했다.

그런데 국가, 시민 사회, 시장의 구분은 모호한 구석이 있다. 또 일부 영역이 겹치기도 한다. 오늘날 시민 사회는 자유롭고 독립적인 인격을 지닌 시민들로 구성되는 근대적인 사회를 말하며, 비정부기구(NGO)나 각종 직업 단체, 기업 단체, 노동조합 등을 지칭하기도 한다.

이제 홉스의 사상으로 돌아오자. 홉스의 사상은 부르주아의 가치관을 반영하지만, 그렇다고 덮어놓고 부의 추구를 옹호한 것은 아니다. 먼저 홉스는 공동체가 빈민의 생계를 책임져야 한다고 주장하면서 지금의 복지국가관과 비슷한 논리를 펼친다.

불가피한 사건으로 많은 사람들이 그들의 노동만으로 생계를 유지할 수 없게 되면 그들을 사적인 사람들의 자선에 맡겨 둬선 안 되며, (자연이 필요로 하는 한) 국가의 법으로 보호해야 한다.[159]

아울러 홉스는 다른 사람들이 생존을 위해 허덕일 때 누군가가 필요 이상의 부를 모으고 있다면 이는 잘못된 일이라고 지적했다.

오로지 권리로서뿐 아니라 자연적인 필요에 따라 모든 사람은 자신의 모든 힘을 이용해 생존에 필요한 물건을 조달하려 할 것이다. 만일 어떤 사람이 필요 이상의 것을 얻기 위해 다른 사람과 다툰다면 충돌이 일어날 것이다. 다툴 필요가 없는데도 충돌을 일으킨 것이기 때문에 그것은 그의 잘못이다. 따라서 그는 근본적인 자연법을 어긴 것이다.[160]

이처럼 홉스가 빈민의 생계 유지에 관심을 나타낸 이유는 당시 시대 상황과 관련이 깊다. 17세기 유럽은 일부가 엄청난 부를 모은 반면, 대다수 서민들은 최소한의 생계 수단을 확보한다는 게 쉽지 않았다. 지금 시각으로 보면 '양극화'의 골이 깊게 파인 시대였던 것이다. 다만 당시 영국은 식민지 개척을 발판으로 한 경제 발

전에 힘입어 인류 역사상 거의 처음으로 사람들이 재앙과도 같은
기아 사태를 겪지 않을 것으로 기대할 수 있었던 때이기도 했다.

시 장 사 회 *19*

홉스는 사회적 인간관계를 묘사하면서 시장 사회에 주목한다. 사회는 시장에서 볼 수 있는 것처럼 자유로운 경쟁을 중심으로 움직이고 있으며, 그곳에서 인간의 권력은 상품으로 취급되고 거래를 통해 시장 가격이 형성된다는 것을 인식한 것이다. 시장은 가격을 매기는 기능을 함으로써 개인이 지닌 효용을 결정한다. 홉스는 이 시장 사회에서 인간의 권력, 가치, 명예가 어떤 의미인지 분석을 시도하였다.

권력에 관해 홉스가 정의한 것을 다시 한번 검토해 보자. 앞서 밝힌 것처럼 여기서 말하는 권력은 우리가 흔히 사용하는 정치와 관련된 용어라기보다는 인간의 힘이나 능력을 의미한다.

홉스가 말한 모든 종류의 후천적 권력은 다른 사람의 권력 일부에 대한 지배로 이루어지며, 어떤 사람의 권력이 다른 사람에게 이전된 결과이다. 더불어 홉스는 후천적 권력을 사실상 타인의 서비스를 지배할 수 있는 능력으로 정의한다. 이와 대조적으로 자연을 지배하는 인간의 권력, 다시 말해 자신의 힘과 지식을 통해 자연을 변형시키는 능력은 분명히 타고난 권력이지 후천적 권력은

아니다.[161]

노동과 시장

실제로 홉스는 "인간의 노동은 다른 물건과 마찬가지로 이익을 위해 교환할 수 있는 하나의 상품이다."[162]라고 말했다. 인간의 노동이 교환할 수 있는 상품이라면 그것은 상대적인 기준에서 가치가 결정되게 마련이다.

> 모든 인간의 가치나 값어치는 다른 모든 사물의 경우와 마찬가지로 그의 가격이다. 곧, 그의 권력의 효용에 대해 주어질 수 있는 만큼의 가격이다. 그러므로 그것은 절대적인 것이 아니라 다른 사람의 필요와 판단에 달려 있다.[163]

이 말은 19세기 독일 사상가 카를 마르크스가 노동력에 대해 정립한 개념과 연결된다. 마르크스는 노동력을 상품으로 여겼다. 마르크스의 말을 들어 보자.

> 우리는 이제 이 독특한 상품, 곧 노동력을 좀더 면밀히 검토해야 한다. 노동력은 다른 모든 상품과 마찬가지로 가치를 지닌다. 이 가치는 어떻게 결정되는가?
> 노동력의 가치는 다른 모든 상품과 마찬가지르 어떤 특정한 물건의 생산과 재생산에 필요한 노동 시간에 의해 결정된다. (……) 노동력은

살아 있는 개인의 능력으로서만 존재한다.[164]

마르크스는 이 말을 하면서 앞에 언급된 홉스의 말을 각주로 인용했다. 이는 홉스의 사상이 후대의 사상계 전반에 미친 영향을 확인할 수 있는 대목이기도 하다. 다시 홉스로 돌아가자.

다른 사물에서와 마찬가지로 인간에 대해서도 가격을 결정하는 것은 판매자가 아니라 구매자이다. 왜냐하면 (대부분의 사람들이 행하고 있는 것처럼) 어떤 사람이 스스로를 최고의 가치로 평가하더라도 그의 실제 가치는 다른 사람이 평가하는 것에 지나지 않기 때문이다.[165]

결국 인간의 실제적 가치는 다른 사람이 그의 권력을 사용하는 대가로 지불하려는 것으로 결정된다. 또 실제적 권력이란 다른 사람의 서비스를 지배할 수 있는 권력이고, 다른 사람의 서비스를 지배할 수 있는 권력은 그의 권력에 대한 다른 사람들의 평가에 바탕을 둔다. 이 같은 권력에 대한 인식에 따라 명예에 대해서도 홉스는 전통적 관념에서 벗어난다.

명예
먼저 홉스는 『비히모스』에서 영국 내전의 원인을 분석하면서 시민들, 특히 돈 버는 게 직업인 상인들이 지나친 세금 부과에 불만을 품은 게 주요 원인이었다고 강조한다. 아울러 "그들의 유일한 명예는 사고파는 데 관한 지혜를 통해 부를 최대한 증대하는 데 있다."[166]고 지적했다. 홉스는 『리바이어던』에서 부에 대한 욕구도 명예로운 것이라고 주장한다.

막대한 부에 대한 욕구와 고귀한 지위에 대한 야망은 명예로운 것이다. 부와 지위를 획득할 수 있는 권력의 상징이기 때문이다. 다만 별다른 벌이나 승진이 따르지 않는 욕구나 야망은 수치스러운 것이다. 그 행동이 (위대하고 어려우며 결과적으로 큰 권력의 상징이라면) 정당하건 정당하지 않건 간에 명예로운지 아닌지를 변경하지 않는다. 왜냐하면 명예는 오직 권력에 대한 평판에 근거하기 때문이다.[167]

홉스는 또 『인간의 본성』에서 다음과 같이 말한다.

부는 명예로운 것이다. (……) 그리고 명예와 불명예의 상징에 따라 우리는 한 사람의 가치 또는 값어치를 평가하고 매긴다. 모든 사물에는 그만한 가치가 있는 만큼, 사람은 그 사물의 모든 것을 사용하는 것에 대가를 지불하려 할 것이다.[168]

다시 말해 인간의 가치는 다른 사람들이 그에게 부여하는 명예로 표현되며, 그의 권력에 대한 다른 사람들의 판단에 따라 결정된다. 이러한 판단은 그의 권력 사용에 대한 대가로 다른 사람이 지불하려 하는 것으로 표현된다. 이처럼 인간의 가치를 결정하는 것은 권력을 사용하는 방식에 이해관계를 지닌 모든 사람들과의 관계인 것이다. 이는 모든 개인의 권력이 하나의 상품, 다시 말해 교환을 위해 일상적으로 그리고 경쟁적으로 제공되는 것으로 간주된다는 것을 뜻한다.

모든 사람은 권력 시장에서 공급자이거나 수요자이다. 왜냐하면 모든 사람은 다른 사람에게 제공할 어떤 권력을 갖고 있거나, 아니면 어떤 다른 사람의 권력을 획득하기를 원하기 때문이다.[169] 여기서 권력은 노동력을 의미하는 것으로 볼 수 있다. 결국 모든 사람의 가치는 시장에서 가격이 형성되는 것처럼 성립된다.

경쟁적 시장 사회

홉스의 정치 사상은 시장에서의 경쟁에 기초한 근대 사회를 묘사한 것으로 볼 수 있다. 실제로 홉스가 살던 17세기 영국은 근대 시장 사회에 근접해 있었다. 당시 남성 인구의 거의 절반이 전일제 임금 생활자였으며, 농장 노동자를 시간제 임금 생활자로 분류하면 전체 임금 생활자 비율은 3분의 2를 넘는다. 그리고 임금 관계는 홉스가 이해한 바와 같이 본질적으로 시장 관계였다. 토지도 자본으로 이용되는 수가 많아서 16세기의 사회 변동 속에서도 유지되었던 지주와 소작인 사이의 세습 관계가 흔들릴 정도였다.[170] 홉스 연구가인 C. B. 맥퍼슨은 홉스의 모델이 근대의 경쟁적 시장 사회를 의미하는 '소유적 시장 사회'(possessive market society) 모델과 매우 비슷하다고 주장한다. 특히 노동은 하나의 상품이라는 것, 일부 사람들은 즐거움의 수준을 높이기를 원한다는 것, 또 어떤 사람들은 다른 사람들보다 더 많은 권력을 소유한다는 것 등 홉스가 내세운 주장들에서 이 같은 사실을 확인할 수 있다는 것이다.[171]

여기서 시장의 의미를 되새겨 볼 필요가 있다. 시장은 스스로 효과적으로 작동하기 위해 모든 사람이 자유롭고 합리적이기를 요구한다. 모든 인간의 선택은 시장 가격을 결정하며, 또 개별 인간의 선택은 시장에 의해 결정된다. 홉스는 이처럼 시장이 인간에게 자유와 강제를 함께 준다는 사실을 간파했다.

홉스는 『비히모스』에서 1640년부터 1660년까지 계속된 내전의 원인이 시장을 통해 형성되는 새로운 가치관과 부의 힘에 있다고 지적했다. 꽤 많은 부가 이미 신흥 부트주아의 손에 넘어가고 있었고, 국왕은 쓸 돈이 부족해 힘이 빠져 있는 상황이었다.

내 생각으로는 왕이 돈을 갖고 있었다면 병사들을 충분히 거느릴 수 있었을 테지만 실제로는 그렇지 못했다. 왜냐하면 어느 한쪽의 주장에 관심을 가진 보통 사람은 거의 없었고 다만 브수나 이득을 위해 어느 한쪽 편을 들었기 때문이다. 그러나 왕의 국고는 거의 바닥나 있었고, 조세 경감이나 다른 그럴듯한 것을 주장하는 왕의 적들은 런던 시와 영국의 대부분의 도시와 자치 도시, 그 밖에 많은 특별한 사람들의 돈주머니를 장악했다.[172]

당시 자기 이익을 중시하는 많은 사람들이 국왕에게 등을 돌렸고 이것이 내전 발생의 한 원인이었다는 것이다. 이는 시장에서 발생한 부를 소유한 사람들이 국왕의 지나친 과세 정책을 권리 침해로 간주했으며, 또한 그들이 국왕에 도전할 정도의 힘을 지니게 되었다는 것을 의미한다. 특히 이들은 전통적 가치관보다는 시장을 통한 부의 획득을 더 중시했기 때문에 그러한 도전을 실행에 옮길 수 있었던 것이다.

또한 홉스에 따르면, 일반적으로 사람들은 자신이 소유한 모든 것의 주인이며 자신의 동의 없이는 공동의 안전을 빙자해 소유물을 빼앗아 갈 수 없다고 여긴다.[173] 홉스는 이 같은 상황에서 신흥 부르주아가 기존의 계급 질서를 무시하는 경향을 보인다고 평가했다.

> 그들이 생각하기에 왕은 최고 명예의 칭호일 뿐이었다. 그리고 신사, 기사, 남작, 공작, 백작 따위는 부의 도움으로 밟아 올라가야 할 계단에 지나지 않았다.[174]

귀족은 이제 세습되는 것만이 아니라 돈을 주고 살 수도 있는 지위로 떨어졌다. 부르주아는 이러한 측면에서도 중세 질서의 잔재를 쓸어 없애고 근대로의 변화를 촉진하는 결과를 가져온 것이다.

경제적 인간

홉스가 묘사한 당시 영국 사회는 거의 완전한 시장 사회라고 볼 수 있다. 노동은 하나의 상품일 뿐이며, 그 가격은 구매자에 의해 생활을 겨우 유지할 수 있을 만큼 최저 수준으로 내려간다. 시장에서 나오는 막대한 부를 장악한 사람들은 국왕에 도전할 수 있을 만큼 성장했으며, 특히 군대를 유지할 수 있을 정도로 부를 소유했기 때문에 이 도전은 성공했다.

흔히 근대 사회의 특징으로 경제적 인간(Homo Economicus)을 꼽는다. 경제적 인간은 근대의 산물이다. 인간은 곧 노동하는 자이며, 자연을 개척하는 사람이다. 홉스의 사상에서 개인은 소유욕이 강하고 야심찬 존재인데다 본성적으로 순종과는 거리가 멀다. 이 같은 개인은 자본주의 사회에 적합한 인간형이다.

하지만 홉스는 평화를 이루기 위해 주권자, 곧 국가에 모든 권력을 이양하고 귀족뿐 아니라 부르주아도 주권자에 의존해야 한다는 해결책을 제시했다. 홉스는 사람들이 본성상 시장 지향적이고 자본주의적이라고 판단했지만 그대로 두면 위험하다고 본 것이다. 자본주의에 좀더 적합한 사상은 홉스 다음 세대의 정치 사상가인 존 로크에서 발견할 수 있다. 로크에 따르면 존재하는 것은 소유하는 것이고, 경제적인 것은 더 나은 것을 위한 수단이 아니라 그 자체가 하나의 목적이 된다. 경제적 인간은 로크의 사상에서 더 뚜렷한 모습을 나타내게 된다.

에필로그

『리바이어던』의 의미 20

홉스는 중세의 억압적인 체제를 무너뜨리면서 분출된 인간의 활동력이 새로운 환경에서 발생시키는 일련의 문제에 관심을 기울였다. 홉스는 정해진 공간 안에서 이익을 위해 서로 경쟁하는 개인, 집단, 국가의 실상을 좀더 잘 파악하고 해결책을 제시하기 위해 새로운 정치 사상을 만들어 내려 한 것이다.

홉스가 살던 시대의 전통적 정치 사상은, 정치 질서의 설립과 같은 인간 사회의 중요한 사건이 통제할 수 없고 이해하기도 어려운 운(運)이나 우연에 의존하는 것으로 간주했다. 그러나 근대 자연과학이 발전하면서 과학 혁명이 일어났고, 이는 자연뿐 아니라 학문 자체에 대한 새로운 이해를 낳았다. 결국 모든 진리는 인간을 초월한 것에서 유래하는 것이 아니라 바로 인간에서 비롯되는 것으로 이해되기 시작했다.

이에 따라 홉스는 전통적인 사상을 부정하고 새로운 토대 위에 자신의 사상을 세우려고 노력했다. 홉스 사상은 중세까지 인간을 지배해 온 미신 또는 우연성처럼 인간 이성으로는 설명할 수 없는 현상을 철저히 배제했다.

홉스 이전에 자연법은 신이나 인간의 목적이라는 관점에서 이해되었으며, 인간의 자기 보존은 낮은 위치에 머물러 있었다. 하지만 홉스는 자기 보존의 관점에서만 자연법을 파악했으며, 의무와 구분되는 자기 보존의 권리에 초점을 맞추고 자연법을 이해했다. 이에 따라 우선순위가 바뀌었다. 자연이 인간으로, 법이 권리로 대체된 것이다. 그 결과 보편적인 물질적 풍요와 평화가 정의를 판단하는 기준이 되었다.

아울러 홉스의 사상은 인간이 본성적으로 정치적, 사회적 존재라는 아리스토텔레스 사상의 전통에서 벗어났다. 홉스가 제시한 자연상태는 정치가 존재하기 이전의 상황이며, 홉스는 정치 공동체가 자연의 산물이 아니라 인간의 기예(art)로 만든 것이라고 파악했기 때문이다. 이는 초인간적인 의지가 아닌 인간의 의지로 인간의 질서가 수립되는 것을 의미한다.

이제 '아는 것'(knowing)은 일종의 '만들어 가는 것'(making)을 의미하게 되었다. 이에 따라 인간의 힘은 그 이전까지 사람들이 생각했던 것보다 훨씬 더 강한 것이 되었다. 인간이 스스로 질서를 수립할 수 있다는 사실을 자각한 것이다. 여기서 질서에 관한 합의를 이끌어 내는 작업은 정치를 통해서 이루어지게 된다. 근대에 들어서 정치가 이전 시대에 비해 더 중요한 의미를 지니게 되는 이유가 여기에 있다.

홉스 사상의 한계

사상은 그 시대를 반영한다. 홉스의 사상도 예외는 아니다. 홉스는 언제 어디서나 통할 수 있는 사상을 제시하려 했지만 시대적 한계는 벗어날 수 없었다. 홉스가 살던 시대를 염두에 둔다면 그가 오늘날과 같은 시야를 지닐 수 없다는 사실을 누구도 부인할 수 없을 것이다.

홉스는 당대에는 물론 후세에도 수많은 사람들한테 비난받았다. 그가 인간 본성에 대해 내세운 전제들이 혐오감을 일으킬 만큼 직설적이었던데다 그의 사상이 그다지 난해하지 않기 때문이다. 다른 사상가들보다 그의 사상이 명료하고 독특했기 때문에 '동네북'이 된 셈이다.

홉스 비판론자들은 흔히 그의 인간론을 문제삼는다. 홉스가 가정한 자연상태의 인간은 힘을 무한대로 증대시켜야 자기를 보호할 수 있다. 이는 사회를 지나친 경쟁 상태로 몰아넣고 이 때문에 역설적으로 인간이 불안정한 상황에 놓이게 된다는 것이 비판의 핵심이다. 이와 반대로 홉스가 질서와 안정에 정신을 쏟았기 때문에 절대 권력을 옹호했다는 비판도 제기된다. 그러나 이 같은 비판은 홉스가 진정으로 의도한 바를 이해하지 못한 것이다.

홉스 자신은 국가를 위험에 빠뜨리는 이론은 국가가 금지해야 하며, 자신의 이론은 수용되어서 공식적으로 가르쳐져야 한다고 주장했다. 그러나 실제로는 그가 반대했던 이론들이 널리 알려져 서로 자유롭게 투쟁을 벌인 반면, 그의 이론은 혐오의 대상이 되었다. 특히 홉스가 살던 시대에 전통을 중시하던 왕당파와 변화를 추구하던 의회파 모두 그의 이론에 강력히 반발했다. 왕당파는 그가 반(反)종교적이라는 이유로, 의회파는 그가 절대 왕정의 옹호자라는 이유로 그의 이론을 거부했다.

이런 오해는 홉스가 인간과 사회 현상을 편견 없이 있는 그대로 직시하려고 노력했기 때문에 빚어졌다. 홉스의 동시대 사람들이 이해할 수 없었던 것은 리바이어던이 중세 사회의 잔재에서 나타난 거대한 근대 국가라는 사실이었다. 동시대 사람들은 홉스를 회의론자, 냉소주의자로 보거나 심지어 정신적으로 방탕한 사람으로 취급하기도 했지만, 그는 당시로서는 드물게 편견 없는 관찰자였다. 홉스는 철학적으로는 내전과 같은 큰 사건에 동요되지 않았고, 이 사건의 원인과 결과를 이해하려고 노력했다. 홉스의 사상이 오해를 낳은 부분이 있기도 하지만 그의 사상이 근대에 미친 영향은 결코 간과될 수 없는 것이다.

어떤 사상이 비판을 받는 것과 그 사상이 실제로 영향을 미치는 것은 차원이 다른 얘기이다. 니콜로 마키아벨리의 대표작인 『군주론』(The Prince)을 보자. 마키아벨리는 이 책에서 정치가 종교나 도덕에서 해방되어야 한다고 주장하면서 정치 기술을 강조했다. 그래서 흔히 마키아벨리는 수단이 목적을 정당화한다고 말한 것으로 알려져 있지만, 비도덕적 수단을 정당화하는 목적은 국가의 수립과 유지에 국한된다. 홉스의 『리바이어던』과 마찬가지로 마키아벨리의 『군주론』도 많은 오해를 샀고 비판을 받았다. 『군주론』은 오랜 기간 가톨릭교회의 금서 목록에 올랐고, '마키아벨리즘(Machiavellism)'이라는 용어가 만들어지기까지 했다. 마키아벨리즘은 정치에서 목적을 달성하기 위해 수단을 가리지 않고 권모술수를 쓰는 것을 말한다.

정치인들은 공개적으로는 『군주론』에 대해 도덕성을 문제삼아 비판하곤 하지만, 실제 행하는 것은 『군주론』의 가르침을 그대로 따르는 경우가 많다. 프로이센의 계몽 전제 군주인 프리드리히 대왕(1712~1786)은 1740년 익명으로 출간한 저서 『반 마키아벨리론』(Anti-Machiavel)에서 "군주는 국가 제일의 공복(심부름꾼)"이라고 주장하면서 마키아벨리의 사상을 정면으로 비판했다. 하지만 실제 그의 행동은 마키아벨리 사상을 실천에 옮긴 것이었다.

홉스 사상도 이와 비슷한 경우이다. 흑대 사람들은 홉스의 『리바이어던』을 읽은 사실조차 애써 부인하곤 했다. 존 로크의 저서 『정부론』은 자연상태 개념을 비롯하여 『리바이어던』을 연상시키는 대목이 많지만 로크 자신은 저서에서 단 한 번도 『리바이어던』을 언급하지 않았다.

한국 사회와 『리바이어던』

『리바이어던』은 근대 초기의 새로운 조류, 새로운 가치관을 반영하고 있다. 그런데 근대에 대한 우리의 경험은 어떤가? 우리는 이미 근대를 지나왔다고 생각하지만 과연 그런가 하는 의문이 일어나기도 한다. 근대의 기저에 흐르는 철학이나 사상 조류에는 관심

없이 물질적 변화에만 몰두해 온 것은 아닌지, 그래서 한국의 근대는 이제 온갖 부작용이 드러나는 때가 된 것은 아닌지 반성해 볼 필요가 있다. 지금 『리바이어던』을 다시 읽는 것은 이 같은 반성의 계기가 될 터이다.

근대는 수세기에 걸쳐 인류 사회가 추구해 온 성장과 발전의 지향점이었다. 우리나라의 경우 1960~1970년대에 근대화는 국가 차원의 지상 과제였다. 그러나 우리가 근대라는 개념을 제대로 이해하고 있는가 하는 의문이 제기될 때 자신 있는 대답을 내놓기는 어렵다.

근대는 과학 기술의 발달과 이를 통한 세계의 재발견, 인간 이성에 대한 신뢰, 중앙집권화된 국가의 발전, 산업 생산의 팽창, 자본주의 체제의 성립이 빠른 속도로 진행되면서 그 특징을 두드러지게 드러냈다. 다른 시각에서 보면 근대는 서양인들이 자신들이 경험한 사회 변화를 이해하기 위해 여러 가지 사고의 틀을 모색한 결과로 제시된 시대적 특성이기도 하다.

근대와 관련된 사고의 틀은 근대의 중요한 요소인 자본주의 체제의 팽창 속성 때문에 전세계에 확산되었다. 세계 일부 지역에서는 여전히 근대를 추구하고 있지만, 이미 근대의 경험이 축적되어 있는 곳에서는 근대 또는 근대성에 대한 비판과 아울러 근대로부터의 탈피, 곧 탈(脫)근대를 모색하고 있다. 이제 환경 파괴를 비롯한 근대의 부작용에 대해 반성하는 단계에 들어선 것 같다. 탈근대가 가능한지, 또 그 같은 논의가 유용한 것인지는 아직 논란거리로 남아 있다. 그렇지만 무엇보다 근대의 내적 모순을 극복하려는 시도는 근대에 대한 정확한 이해를 토대로 해야만 가능할 것이다. 이 때문에 지금 『리바이어던』을 읽는 것은 의미 있는 지적 작업이 된다.

근대 국가는 개인에게 특정한 행동 원리와 가치 체계를 강요하는 일종의 역사적 산물이다. 근대 정치 사상의 상당 부분은 근대 국가라는 정치 현상을 정당화하거나 이에 반발하는 문제를 중심으로 이루어지게 된다. 홉스의 정치 사상에 나타나는 국가를 오늘날의 국가와 비교해 보자. 전능한 리바이어던의 이미지는 명백히 오늘날 국가의 모습이다. 홉스의 사상에서 윤곽을 드러내기 시작한 근대 국가는 사람이 태어나서 죽을 때까지 삶을 통제하고 있다. 대부분의 국가는 군대, 경찰과 같은 강제력을 뒷받침으로 해 힘과 권위를 강화하면서 홉스가 말한 '이 세상의 신'으로 성장했다.

오늘날 정치 사상을 연구하는 학자들은 홉스 사상에 새롭게 관심을 보이는 경향이 있다. 이는 '어떤 방법으로 정치적 현실주의에 이를 것인가?'라는 물음이 제기되기 때문이라고 해석할 수 있다. 다시 말해 홉스의 정치 사상을 도덕적, 정치적으로 복권시킴으로써 리바이어던, 곧 거대한 괴물인 국가에 대한 공포를 쓸어 없애고 새로운 이론의 가능성을 모색하려는 움직임으로 볼 수 있다.

오늘날의 자연상태

마지막으로 홉스 사상의 요체인 자연상태의 의미를 다시 한번 음

미해 보자. 자연상태의 인간과 국가가 수립된 상태의 인간은 분명한 차이가 있다. 자연상태의 인간은 순간순간을 공포에 직면해 살게 되지만, 정치 질서가 수립된 이후 인간은 그러한 공포 없이 미래를 내다볼 수 있게 된다. 그 미래 때문에 인간이 정치 행위를 할 수 있고 정치 행위가 의미를 지닐 수 있게 되는 것이다.

아울러 자연상태는 국가라는 울타리를 넘어선 국제 사회에서는 아직도 통용될 수 있는 말이다. 우리는 아직 자연상태에서 완전히 벗어나지 못했다는 뜻이다. 홉스의 말을 들어 보자.

> 예전에 작은 가족들이 그랬던 것처럼, 오늘날에는 규모가 커진 가족들이라고 할 수 있는 도시나 왕국들이 (그들 자신의 안전을 지키기 위해) 위험이 닥치고 있다는 구실과 침략당할 수 있다는 공포, 또는 침략자가 원조를 받을 수 있다는 우려를 내세워 영토를 확장한다. 그리고 이들 도시나 국가는 버젓이 무력을 행사하고 은밀한 술책을 써서 이웃을 굴복시키거나 무력하게 만들기 위해 할 수 있는 모든 노력을 기울인다. 이것은 당연히 다른 보증을 원하기 때문이다. 그리고 이는 후대에 영광스러운 일로 기억된다.[175]

이제 국제 사회에서 자연상태를 벗어나는 게 인류가 풀어 나가야 할 과제로 남아 있다. 국제 사회는 전쟁이나 분쟁을 통해 언제든 한 국가를 자연상태로 몰아갈 수 있다. 21세기 들어 국제 조직에 의한 테러가 빈발하고, 미국 주도 아래 이라크 전쟁이나 대(對)

테러 전쟁이 벌어지는 것은 국제 사회의 불안정성을 말해 주는 예이다.

물론 국가 안에서도 자연상태를 연상시킬 만한 폭력 사태가 일어나곤 한다. 우리의 경우, 1980년 광주민주화운동 당시 군의 무자비한 진압으로 수많은 시민이 희생되었고, 1980년대 초반에 대학가에서는 경찰이 학교 안팎에 상주하면서 공권력이라기보다 조직 폭력배 수준의 폭력을 행사하곤 했다. 동의를 얻지 못한 권력이 힘으로써 자기 이익을 지키려고 한 사례이다.

국가가 사람들의 동의에 의해 주권자로서의 지위를 얻게 되었다면 그 권력의 행사 또한 사람들의 권리를 위해서이다. 그런데 시민 사회가 건강하지 않다면 언제라도 자연상태와 같은 독재와 폭력 사태가 나타날 수 있고, 이때 국가는 평화를 해치고 사람들을 공포로 몰아넣는 괴물로 돌변할 가능성이 있다.

인류는 국가 안에서나 국제 사회에서 자연상태의 도래를 막을 수 있는 장치를 마련하기 위해 고민해야 할 것이다. 지금 『리바이어던』을 읽는 것은 이런 문제에 대한 해답을 찾는 데 도움이 된다. 홉스가 이 시대 사람이라면 인류의 당면 문제에 대해 어떤 대답을 내놓을까? 『리바이어던』을 읽는 이들이 스스로 물어 봄 직한 질문이다.

주

1) 레오 스트라우스, 『홉스의 정치 철학』(*The Political Philosophy of Hobbes: Its Basis and Its Genesis*), 엘자 M. 싱클레어 역, Chicago: The University of Chicago Press, 1952, p.1.

2) C. B. 맥퍼슨, 『소유적 개인주의의 정치 이론』(*The Political Theory of Possessive Individualism: Hobbes to Locke*), Oxford: Oxford University Press, 1962, p.88.

3) 『성경전서: 표준 새 번역』, 대한성서공회.

4) 『성경전서: 표준 새 번역』, 대한성서공회.

5) 데보라 바움골드, 『홉스의 정치 이론』(*Hobbes's Political Theory*), Cambridge: Cambridge University Press, 1988, p.120.

6) 『리바이어던』(*Leviathan*), J. C. A. 개스킨 편집. New York : Oxford University Press, 1996. 18장, p.118.

7) 존 플라메나츠, 『인간과 사회』(*Man and Society*), vol.1, Essex: Longman House, 1963, p.116.

8) 『철학의 원리』(*Elements of Philosophy*), 1부 '몸에 관하여'(*Concerning Body*) 1장, 2절, 윌리엄 몰스워스 편집, 『홉스 전집』(*The English Works of Thomas Hobbes*), London: Routledge/Thoemmes Press, 1992, vol.1, p.3 『리바이어 던』 외에 모든 홉스 저술은 『홉스 전집』에서 인용하였으며 이하에서 『홉스 전 집』은 *English Works*로 표기함.

9) '몸에 관하여', 4장, 1절, *English Works*, vol.1, p.66

10) 『리바이어던』, 46장, pp.441~442.

11) 마셜 미스너, 『홉스에 관하여』(*On Hobbes*), Belmont: Wadsworth, 2000, p.8 에서 재인용.

12) 『리바이어던』, 1장, p.9.

13) 『리바이어던』, 머리말 , p.8.

14) '몸에 관하여', 서문, *English Works*, vol.1. p.viii

15) 『리바이어던』, 2장, p.11.

16) '몸에 관하여', 6장, 5절, *English Works*, vol.1, pp.69~70.

17) '몸에 관하여', 20장, 6절, *English Works*, vol.1. pp.309~310 참조.

18) 『리바이어던』, 서문, p.7.

19) 『리바이어던』, 3장, p.15.

20) 『리바이어던』, 3장, p.17.

21) 『리바이어던』, 6장, p.34.

22) 로런스 번스, '토머스 홉스'(*Thomas Hobbes*), 레오 스트라우스, 조지프 크롭시 편집, 『정치 철학사』(*History of Political Philosophy*), 2nd Edition, Chicago : The University of Chicago Press, 1973, p.371.

23) 『리바이어던』, 20장, p.139.

24) 『리바이어던』, 6장, p.35.

25) 『정부와 사회에 관한 철학적 기초』(*Philosophical Rudiments Concerning Government and Society*), *English Works*, vol.2, p.77.

26) 장주, 『장자』(莊子), 송지영 역, 서울 : 동서문화사, 1975, p.79.

27) 『정치체론』(*De Corpore Politico*), *English Works* vol.4, 1부, 1장, p.81.

28) 『리바이어던』, 6장, p.41.

29) 『리바이어던』, 6장, p.40.

30) 『리바이어던』, 5장, p.27.

31) 『리바이어던』, 5장, p.28.

32) 『정치체론』, *English Works*, vol.4, 1부, 1장, pp.81~82 참조.

33) 『리바이어던』, 13장, p.82.

34) 『정부와 사회에 관한 철학적 기초』, 1장, 3절, *English Works*, vol.2, pp.6~7.

35) 『정부와 사회에 관한 철학적 기초』, 1장, 7절, *English Works*, vol.2, pp.8~9.

36) 『리바이어던』, 11장, p.66.

37) 『리바이어던』, 10장, p.58.

38) 『인간의 본성』(*Human Nature*), 8장, *English Works*, vol.4, pp.37~38.

39) 『리바이어던』, 10장, p.58.

40) 『인간의 본성』, 8장, *English Works*, vol.4, p.38.

41) 『리바이어던』, 10장, p.59.

42) 『리바이어던』, 10장, p.59.

43) 『정부와 사회에 관한 철학적 기초』, *English Works*, vol.2, p.vii.

44) 레오 스트라우스, 『홉스의 정치 철학』, pp.8~16 참조.

45) 『리바이어던』, 13장, p.85.

46) 존 플라메나츠, 『인간과 사회』, p.120.

47) 『리바이어던』, 13장, p.84.

48) 『리바이어던』, 13장, p.82.

49) 『리바이어던』, 13장, p.83.

50) 『리바이어던』, 13장, p.83.

51) 『리바이어던』, 13장, p.85.

52) 『리바이어던』, 13장, p.85.

53) 『정부와 사회에 관한 철학적 기초』, 1장 13절, English Works, vol.2, p.12.

54) 『리바이어던』, 13장, p.83~84.

55) 『리바이어던』, 13장, p.84.

56) 『리바이어던』, 13장, p.85.

57) 『자유, 필연성. 변화에 관해 브램홀 주교와 토머스 홉스 간 논쟁에서 제기된 의
문들』(The Questions Concerning Liberty, Necessity, and Change, Clearly
Stated and Debated between Dr. Bramhall, Bishop of Derry, and Thomas
Hobbes of Malmesbury), English Works, vol.5 , pp.183~184.

58) 『리바이어던』, 13장, p.85

59) 『리바이어던』, 13장. p.85.

60) 『리바이어던』, 13장, p.85.

61) 『정부와 사회에 관한 철학적 기초』, 1장 13절, English Works, vol.2, p.12.

62) 『리바이어던』, 13장, p.84.

63) 『리바이어던』, 13장, p.86.

64) 『리바이어던』, 14장, p.86.

65) 『리바이어던』, 14장, p.86

66) '몸에 관하여', 25장, 13절, English Works, vol.1, p.409.

67) 『리바이어던』, 14장, p.86.

68) 『리바이어던』, 14장, pp.86~87.

69) 『정치체론』, 2부 9장, English Works, vol.4, p.215.

70) 『정치체론』, 1부 1장, English Works, vol.4, p.83.

71) 레오 스트라우스, 『홉스의 정치 철학』, p.106 참조.

72) 레오 스트라우스, 『홉스의 정치 철학』, p.128.

73) 『정부와 사회에 관한 철학적 기초』, 14장, *English Works*, vol.2, p.189.

74) 『정부와 사회에 관한 철학적 기초』, 2장, *English Works*, vol.2, p.16.

75) 『리바이어던』, 14장, p.87.

76) 『리바이어던』, 14장, p.87.

77) 『리바이어던』, 14장, p.87.

78) 『성경전서 : 표준 새 번역』, 대한성서공회.

79) 『정부와 사회에 관한 철학적 기초』, 3장, *English Works*, vol.2, p.45.

80) 『정치체론』, 1부 4장, *English Works*, vol.4, p.107

81) 『리바이어던』, 15장, p.106.

82) 노르베르토 보비오, 『토머스 홉스와 자연법 전통』(*Thomas Hobbes and the Natural Law Tradition*), 다니엘라 고베티 역, Chicago : University of Chicago Press, 1993. pp.1~3.

83) 노르베르토 보비오, 『토머스 홉스와 자연법 전통』, pp.8~9.

84) 노르베르토 보비오, 『토머스 홉스와 자연법 전통』, pp.11~12.

85) 『리바이어던』, 17장, p.111 참조.

86) 『리바이어던』, 17장, p.111.

87) 『정부와 사회에 관한 철학적 기초』, 2장, *English Works*, vol.2, p.20.

88) 『리바이어던』, 14장, p.89.

89) 『리바이어던』, 14장, p.91.

90) 『정치체론』, 1부 3장, *English Works*, vol.4, pp.95~96.

91) 『정부와 사회에 관한 철학적 기초』, 1장, *English Works*, vol.2, p.2. 주석.

92) 『리바이어던』, 17장, p.111.

93) 『리바이어던』, 14장, p.93.

94) 『리바이어던』, 10장, p.58.

95) 『리바이어던』, 16장, p.109.

96) 프레드릭 코플스턴, 『철학사』(*A History of Philosophy*), vol.5, '홉스에서 흄까지'(*Hobbes to Hume*), Westminster : The Newman Press, 1961. p.41.

97) 『리바이어던』, 19장, p.123.

98) 『리바이어던』, 19장, p.123.

99) 『리바이어던』, 머리말, p.7.

100) 『리바이어던』, 17장, p.114.

101) 『리바이어던』, 17장, p.114.

102) 『리바이어던』, 17장, p.114.

103) 『리바이어던』, 17장, p.114.

104) 『리바이어던』, 17장, p.114.

105) 『리바이어던』, 18장, p.115.

106) 『리바이어던』, 16장, p.106.

107) 『리바이어던』, 16장, pp.106~107.

108) 『리바이어던』, 14장, p.92.

109) 『리바이어던』, 18장, p.115~120 참조.

110) 『리바이어던』, 18장 p.120.

111) 『리바이어던』, 18장, p.116.

112) 『정치체론』, 2부 9장, English Works, vol.4, p.213.

113) 『정부와 사회에 관한 철학적 기초』, 13장, English Works, vol.2, pp.165~181 참조.

114) 레오 스트라우스, 『정치 철학이란 무엇인가』(What Is Political Philosophy? and other Studies), Illinois: The Free Press of Glencoe, 1959, p.175 참조.

115) 찰스 틸리, '유럽의 국가 형성사에 대한 성찰'(Reflections on the History of European State-making), 찰스 틸리 편집, 『서유럽 민족국가 형성』(The Formation of National States in Western Europe), Princeton: Princeton University Press, 1975, p.70.

116) 『정부와 사회에 관한 철학적 기초』, 10장 1절, English Works, vol.2, pp.126~127.

117) 아리스토텔레스, 『정치학』(Politics), 1252b, 어니스트 바커 역, Oxford: The Clarendon Press, 1952, pp.4~5.

118) 아리스토텔레스, 『정치학』, 1252b, p.5.

119) 『리바이어던』, 머리말, p.7.

120) 『리바이어던』, 18장, p.121.

121) 『리바이어던』, 16장, p.109.

122) 데이비드 존스턴, 『리바이어던의 수사학』(The Rhetoric of Leviathan: Thomas Hobbes and the Politics of Cultural Transformation), Princeton: Princeton University Press, 1986, p.135.

123) 『리바이어던』, 11장, p.71.

124) 『리바이어던』, 47장, p.462.

125) 『리바이어던』, 47장, p.463.

126) 『리바이어던』, 46장, p.456.

127) A. p. 마르티니크, 『리바이어던의 두 신』(*The Two Gods of Leviathan: Thomas Hobbes on Religion and Politics*), Cambridge: Cambridge University Press, 1992, p.5.

128) 『리바이어던』, 38장, p.297.

129) 레이먼 레모스, 『홉스와 로크』(*Hobbes and Locke: Power and Consent*), Athens: The University of Georgia Press, 1978, p.4.

130) A. p. 마르티니크, 『리바이어던의 두 신』, p.10.

131) 『정부와 사회에 관한 철학적 기초』, 3장, *English Works*, vol.2, p.47.

132) 『리바이어던』, 6장, p.39.

133) 『리바이어던』, 46장, p.452.

134) 『리바이어던』, 46장, p.452.

135) 『리바이어던』, 46장, p.445.

136) 아리스토텔레스, 『정치학』, 1252a, p.1.

137) 아리스토텔레스, 『정치학』, 1253a, p.7.

138) 『리바이어던』, 11장, p.65.

139) 『리바이어던』, 11장, pp.65~66.

140) 레오 스트라우스, 『홉스의 정치 철학』, p.98 참조.

141) 『리바이어던』, 머리말, p.7.

142) 노르베르토 보비오, 『토머스 홉스와 자연법 전통』, p.36.

143) 『리바이어던』, 30장, p.223.

144) 메리 리치, 『영화를 통해 본 철학』(*Philosophy through Film*), New York: Routledge, 2002, p.174 재인용.

145) 『리바이어던』, 4장, p.22.

146) '몸에 관하여', 2장 4절, *English Works*, vol.1, p.16.

147) 마이클 오크쇼트, '편집자 서문'(Editor's Introduction), 『리바이어던』, Oxford: Basil Blackwell, 1957, p.lv.

148) 조지 세이빈, 『정치 사상사』(*A History of Political Theory*), Illinois: Dryden Press, 1973, pp.432~433.

149) 『리바이어던』, 14장, p.88.

150) 윌리엄 코널리, 『정치 이론과 근대성』(*Political Theory and Modernity*),

Oxford : Basil Blackwell, 1988, p.29.

151) 『리바이어던』, 13장, p.86.

152) 『비히모스』(Behemoth), English Works, vol.6, p.219.

153) 『리바이어던』, 30장, p.222.

154) 레오 스트라우스, 『홉스의 정치 철학』, p.118.

155) 『비히모스』, English Works, vol.6, p.168.

156) 『비히모스』, English Works, vol.6, p.198.

157) 『비히모스』, English Works, vol.6, p.192 참조.

158) 데이비드 헬드, 『정치 이론과 근대 국가』(Political Theory and the Modern State : Essays on State, Power, and Democracy), Stanford : Stanford University Press, 1989, p.13.

159) 『리바이어던』, 30장, p.230.

160) 『정부와 사회에 관한 철학적 기초』, 3장 9절, English Works, vol.2, p.36.

161) C. B. 맥퍼슨, 『소유적 개인주의의 정치 이론』, p.37.

162) 『리바이어던』, 24장, p.164.

163) 『리바이어던』, 10장, p.59.

164) 카를 마르크스, 『자본론』(Capital), 벤 포크스 역, London : Penguin Books, 1976, 1권, 6장, p.274.

165) 『리바이어던』, 10장, p.59.

166) 『비히모스』, English Works, vol.6., pp.320~321.

167) 『리바이어던』, 10장, p.62.

168) 『인간의 본성』, 8장, English Works, vol.4., p.39.

169) C. B. 맥퍼슨, 『소유적 개인주의의 정치 이론』, p.39.

170) C. B. 맥퍼슨, 『소유적 개인주의의 정치 이론』, p.61.

171) C. B. 맥퍼슨, 『소유적 개인주의의 정치 이론』, p.68.

172) 『비히모스』, English Works, vol.6, p.166.

173) 『비히모스』, English Works, vol.6, p.169.

174) 『비히모스』, English Works, vol.6, p.169.

175) 『리바이어던』, 17장, pp.111~112.

주니어클래식 4

리바이어던, 근대국가의 탄생

2007년 5월 8일 1판 1쇄
2017년 1월 31일 1판 5쇄

지은이 박완규

기획 이권우
편집 정은숙, 송명주
디자인 이혜연
제작 박홍기
마케팅 이병규, 양현범, 박은희

출력 한국커뮤니케이션
인쇄 코리아피앤피
제책 J&D바인텍

펴낸이 강맑실
펴낸곳 (주)사계절출판사 | 등록 제406-2003-034호
주소 (우)10881 경기도 파주시 회동길 252
전화 031)955-8588, 8558
전송 마케팅부 031)955-8595 편집부 031)955-8596
홈페이지 www.sakyejul.co.kr | 전자우편 skj@sakyejul.co.kr
블로그 skjmail.blog.me | 트위터 twitter.com/sakyejul | 페이스북 facebook.com/sakyejul

ⓒ 박완규 2007

ISBN 978-89-5828-225-9 43100
ISBN 978-89-5828-407-9 (세트)

이 도서의 국립중앙도서관 출판시도서목록(CIP)은 e-CIP 홈페이지(http://www.nl.go.kr/cip.php)에서
이용하실 수 있습니다.(CIP제어번호:2007001206)